aufbau
AUFBAU VERLAGSGRUPPE

Sascha Lange

DJ Westradio

Meine glückliche DDR-Jugend

Aufbau-Verlag

ISBN 978-3-351-02645-5

Aufbau ist eine Marke der Aufbau Verlagsgruppe GmbH

1. Auflage 2007

Einbandgestaltung gold, Anke Fesel und Kai Dieterich
Druck und Binden Clausen & Bosse, Leck
Printed in Germany

www.aufbau-verlag.de

Für Friedrich und Levi

In Erinnerung an Steffen Thüm

Inhaltsverzeichnis

Zum Anfang – Erinnerungen

Ich sammle Erinnerungen. Natürlich in erster Linie meine eigenen, und ich denke, daß ich schon eine ganze Menge zusammengetragen habe. Vor einigen Jahren hat man begonnen, sich an das Leben in der DDR zu erinnern. Zum Beispiel in lächerlichen TV-Ostalgie-Shows mit den Vorzeige-Ossis Axel Schulz und Katharina Witt im FDJ-Hemd. Nun glauben wirklich alle, daß Ossis Trottel sind. Schönen Dank auch! Yvonne Catterfield beklagte vor einiger Zeit in der BILD-Zeitung, wie schlimm ihre DDR-Schulzeit gewesen sei. Ich trocknemir noch heute die Tränen.

Auf dem Gipfel der Ostalgie-Welle plazierte das Internetkaufhaus Ebay sogar Werbebanner für DDR-Nostalgieauktionen. Man wollte so die Leute animieren, Erinnerungen zu kaufen, meist gar nicht ihre eigenen. Meine Erinnerungen an die DDR muß ich mir nicht für Westgeld ersteigern. Die habe ich in meinem Kopf. Und in einem Pappkarton mit Schwarzweißfotos.

Ich wurde im Dezember 1971 in Leipzig geboren, und meine Eltern gaben mir den Namen Alexander. Als selbsternannte Ost-68er haben sie mich nach Alexander Dubček benannt, dem tschechischen Staatschef, den die Post-Stalinisten 1968 nach dem Prager Frühling abgesetzt hatten. Auf diesen Frühling folgte ein tiefer sibirischer Winter.

Alexander nennt mich aber niemand. Auch meine Eltern sagen immer nur »Sascha« zu mir, das ist eine Koseform von Alexander. So heiße ich also eigentlich Alexander, aber andererseits wiederum nicht. Genauso wurde ich zwar in der DDR geboren, habe aber in Leipzig eigentlich gar nicht in der DDR gelebt. Ich fühlte mich weniger als DDR-Bürger, sondern vielmehr als Bundesbürger mit DDR-Staatsbürgerschaft. Ich kam in einem katholischen Krankenhaus zur Welt, ging mit drei Jahren in einen evangelischen Kindergarten und schaute zu Hause im Westfernsehen die Sesamstraße und die Sendung mit der Maus.

Einer der Hauptgründe, warum ich es in der DDR ausgehalten habe und warum ich mich gerne an die Zeit zurückerinnere, ist simpel: Ich bekam fast alles aus dem Westen.

Spielzeug? Playmobil, Lego und Matchbox-Autos. Comics? Micky Maus, Lustige Taschenbücher und Asterix-Hefte. West-Comics waren natürlich verboten bei uns. Ich hatte trotzdem welche und nicht wenige. Turnschuhe? Adidas und Puma. Klamotten? C&A und was weiß ich noch. Ich naschte Haribo-Goldbären, Maoam-Kaubonbons, Raider (heißt jetzt Twix), Mars, Nutella – und zwar nicht nur zu Weihnachten. Später kamen dann die Bücher der »Drei ???«, BRAVO-Magazine und Schallplatten dazu. Möglich machten das die geliebten Westpakete und gelegentliche Besuche von Verwandten und Bekannten von drüben. Warum sollten also meine Eltern mit mir einen Ausreiseantrag stellen?

An dieser Stelle möchte ich darum im Namen aller Zonis all den Menschen aus Westdeutschland danken, daß Ihr uns all die Jahre so viele Sachen geschickt und mitgebracht habt. Ohne Euch hätten wir den Herbst 1989 bestimmt schon auf 1979 verlegt. So konnten wir uns zehn Jahre länger der Illusion hingeben, Euer Westen wäre unser Paradies. Danke dafür.

Südvorstadt

Manche Menschen sagen, sie wüßten nicht, woher sie kommen. Sicher meinen sie diese Frage philosophisch, aber ich weiß dafür ganz genau, woher ich komme. Ich komme aus der Leipziger Südvorstadt. Ein, architektonisch gesehen, gutbürgerliches Gründerzeitviertel, sehr symmetrisch aufgebaut, viele grüne Alleen, kaum Fabriken. Der riesige Auewald nur zehn Minuten Fußweg entfernt, das Stadtzentrum keine fünf Minuten mit der Straßenbahn, der Badesee fünfzehn Minuten mit dem Rad. Nicht weit weg ist auch der Scherbelberg an der Fockestraße, den die Neu-Leipziger heutzutage immer »Fockeberg« nennen, nur weil das so auf den Stadtplänen steht. Der heißt aber Scherbelberg. SCHERBELBERG! Klar?

In der Südvorstadt läßt es sich wunderbar leben. Das war auch schon zu der Zeit so, als die vielen Geschäftsleute von drüben mit ihren schicken Westautos nur zweimal im Jahr zur Leipziger Messe kamen, einige D-Mark und den Inhalt ihrer Koffer bei uns ließen und dann wieder abhauten. Jetzt sind sie das ganze Jahr über da, bezahlen jeden Quadratmeterpreis für die schönen Jugendstilwohnungen und treiben damit die Mieten in die Höhe. Außerdem nehmen sie uns mit ihren dicken Arbeitgeberschlitten die Parkplätze weg. So war das 1989 aber nicht gemeint!

Ich weiß das alles, weil ich hier immer noch wohne, natürlich nicht mehr bei meinen Eltern, aber auch nicht weit von ihnen. Jetzt wohnen hier vor allem die »Kulturszene« und die Volvo-Volvic-Wohlfühlpulli-Fraktion (eine Abspaltung der Generation Golf), und auf der Karl-Liebknecht-Straße gibt es seit einigen Jahren jede Menge Szenekneipen und Szenegeschäfte. Ich hatte immerhin das Glück, nicht dem schönen Großstadtleben hinterherziehen zu müssen, es kam einfach zu mir in meine Südvorstadt.

Wenn ich heute das Viertel meiner Kindheit und Jugend in einem Anfall sentimentaler Erinnerungen abfahre, gelingt der Nostalgietrip nur noch teilweise, denn die Zeit von damals wurde optisch nicht konserviert. Die Häuser stehen zwar alle noch, nur wenige neue wurden in den 90ern hier gebaut, aber es hat sich trotzdem alles verändert. Früher hatten die meisten Häuser eine abgeblätterte Fassade in einem schmutzigen Einheitsgrau, und nur das Grün der Blätter oder ganz frischer Schnee brachte Farbe. Jetzt sind alle Häuser aufwendig saniert, und jedes Detail an der Jugendstilfassade wurde wieder herausgearbeitet. Die Häuser sehen jetzt zu perfekt aus, kulissenartig, ohne Seele. Die ganze Patina ist verschwunden. Wenn ich an den Wohnungen meiner damaligen Mitschüler vorbeiradle, weiß ich, daß sie dort nicht mehr zu Hause sind. Zeit und Arbeit haben sie fortgetragen. Die Häuser sind noch da, aber die Bewohner wurden nahezu komplett ausgetauscht. Mein altes Wohnviertel erscheint mir dann wie ein verlassenes Nest. Alle sind flügge geworden und ausgeflogen. Die meisten erst nach 1990.

Ortsbestimmung

Leipzig war zu Beginn der 70er Jahre eine Stadt mit gut 600 000 Einwohnern. Bis zum Herbst 1989 sollten über 100 000 Menschen der Stadt den Rücken kehren – nicht selten mit Reiserichtung Westen. Die meisten Kriegsschäden waren zu meiner Zeit schon beseitigt, zahlreiche Neubauten im 60er- und 70er-Jahre-Stil schlossen die Lücken. Nur hier und da sah man noch eine Ruine aus dem Zweiten Weltkrieg. Der Verfall der Stadt ging dennoch unaufhaltsam weiter. »Ruinen schaffen ohne Waffen« hieß das in den 80ern im Volksmund in Anlehnung an eine Losung der westdeutschen Friedensbewegung. Die Alliierten hatten 1943 via Luftpost beträchtliche Vorarbeiten geleistet, und den Rest besorgte die kommunale Wohnungsverwaltung.

Die Stadt war umgeben von Tagebauen und chemischer Industrie. Die Umweltbelastung war entsprechend hoch. Hinzu kam in der kalten Jahreszeit der Dreck der zahllosen Öfen, denn in Leipzig heizte man die Altbauten wie überall in der DDR mit Kohle. Wollte man auf dem Balkon Wäsche aufhängen, mußte man immer erst eine schwarze Rußschicht von der Leine abwischen.

Meine Eltern und ich wohnten, zunächst zusammen mit meiner Oma mütterlicherseits, in einer Dreieinhalb-Zimmer-Wohnung in der Lößniger Straße. Nur einen Steinwurf entfernt sind die Gleisanlagen, welche zum Bayerischen Bahnhof führen. Damals kam man von dort gerade mal bis Zwickau, aber er war immer noch der »Bayerische« Bahnhof. Auch der Schlachthof, er hieß zu meiner Zeit bereits »Delicata«, war nicht weit entfernt. Die Laster, die das Schlachtvieh dorthin transportierten, prägten zeitweise den Geruch ganzer Straßenzüge. Gleich vor unserer Haustür lag der »Knochenplatz«. Der hieß so, weil man von ihm aus die Knochenberge des Schlachthofes, die sich neben den Gleisanlagen türmten, sehen und bei günstiger Windrichtung auch riechen konnte.

Die Lößniger Straße hat noch heute ihr holpriges Kopfsteinpflaster, über das damals immer die Kohlenlaster von einem nahe gelegenen Verladebahnhof in der Kohlenstraße polterten, vor allem in der kalten Jahreszeit. Da lag es auf der Hand, daß auch die Straße drekkig war und die parkenden Autos ebenfalls. Uns störte das nicht allzu sehr, denn wir besaßen kein Auto. Zwar hatten meine Eltern 1979 den Kauf eines PKW Wartburg beantragt, mit seiner Auslieferung war jedoch frühestens 1994 zu rechnen.

Manchmal kam es vor, daß die Laster nicht normale Briketts geladen hatten, sondern den hochwertigeren Koks, mit dem man den Ofen garantiert heiß kriegte. Wenn die Laster wegen der zahlreichen Schlaglöcher einige kostbare Koks-Stücke vor unserem Haus verloren hatten, rannten die Anwohner mit einem Eimer auf die Straße und sammelten sie ein. Daß man noch viel mehr bekommen könnte, wenn man dafür auf die Straße gehen würde, hatten die Leute hier in den 70ern leider noch nicht herausgefunden.

Drei Jahre nach meiner Geburt zog meine Großmutter als Rentnerin zu meiner Tante nach Bad Godesberg bei Bonn. So bekam ich nicht nur endlich ein eigenes Kinderzimmer, sondern neben einer Westtante, einem Westonkel und zwei Westcousins auch eine Westoma.

Ich war ein Einzelkind. Anders als viele Kinder in der DDR kam ich nicht mit einem Jahr in eine Kinderkrippe, sondern erst mit drei Jahren in den Kindergarten, denn ich war oft krank. Mein Kindergarten befand sich in kirchlicher Trägerschaft. Dort mangelte es uns an nichts, außer vielleicht an Kriegsspielzeug. Etwas, auf das Jungs wohl aus genetischen Gründen nicht verzichten wollen. Als Ausgleich dazu hatte ich in unserem Haus den etwa gleichaltrigen Tom, dessen Eltern ihn regelmäßig mit Spielzeug-Kalaschnikows und Gummi-NVA-Soldaten eindeckten. Es sollte dann noch eine Ewigkeit dauern, bis meine pazifistischen Eltern sich wenigstens zu einer gelben Wasserspritzpistole für mich durchringen konnten.

Mein Vater hatte in den 70ern gleich zwei Jobs. Tagsüber saß er, verantwortlich für Presse- und Öffentlichkeit, in der »Hauptabteilung Kultur« der Karl-Marx-Universität Leipzig an einem Schreibtisch, und abends spielte er mit Kollegen Kabarett. Zwei Jobs waren natürlich eine anstrengende Sache. Anfang der 80er Jahre konnte er endlich ausschlafen und war nur noch abends Kabarettist. Daß somit das gemeinsame Abendbrot selten stattfand, störte mich keineswegs. Während andere Familien artig mit Abendessen und Tischgesprächen beschäftigt waren, saß ich abends mit Schnittchen vor der Glotze und schaute Vorabendserien im Westfernsehen wie »Simon & Simon« oder »Ein Colt für alle Fälle«.

Meine Mutter arbeitete zunächst als Laborantin in einem kleinen kirchlichen Krankenhaus im Süden der Stadt, einer wunderschönen dreistöckigen Villa, fast schon ein kleines Schloß. Manchmal, wenn ich krank war und nicht in den Kindergarten durfte, nahm mich meine Mutter, sobald es mir ein bißchen besser ging, mit zur Arbeit. Ich saß dort aber nicht im Labor rum, wo ich aus Langeweile am Ende noch die Testergebnisse manipuliert hätte, sondern spielte in dem zum Haus gehörigen Park und in der Gärtnerei oder jagte die Katzen durch die Gegend. Anfang der 80er Jahre blieb meine Mutter einige Zeit zu Hause, um meine Oma, ihre Schwiegermutter, zu pflegen, die zu uns gezogen war. Später wurde meine Mutter Requisiteuse in demselben Kabarett, in dem auch mein Vater arbeitete.

Schöne Wohnungen waren Mangelware in der DDR, so wie eine ganze Menge anderer Dinge. Man konnte sie auch nicht in einem Westpaket geschickt bekommen. (Mittlerweile weiß ich, daß selbst im Westen schöne Wohnungen Mangelware sind. Deshalb hätten sie auch gar nicht verschickt werden können.) Glücklicherweise hörten meine Eltern eines Tages von einer Frau, die bei uns gleich um die Ecke in einem wunderschönen, aber unsanierten Jugendstilhaus eine hochherrschaftliche Fünfeinhalb-Zimmer-Wohnung mit ihrem Dackel bewohnte. Sie wollte sich verkleinern – nicht ganz unverständlich. Eine kleinere Wohnung fand sie nicht (Mangelware, wie gesagt), einen freien Wohnungsmarkt gab es nicht, alles wurde in der DDR zentral verwaltet. Aber wir durften mit ihr die Wohnung tauschen. Der Umzug fand quasi auf dem Fußweg statt.

So zogen wir im Sommer 1980 um die Ecke in die Kurt-Eisner-Straße. Zweiter Stock, 180 Quadratmeter, Parkett und Stuck im Originalzustand mit 19 Türen, 20 Fenstern und einer holzgetäfelten Diele für 149 Ostmark Miete im Monat. Es gab sogar noch die Klingelleitungen ins frühere Dienstmädchenzimmer. Dennoch waren nicht unbeträchtliche Sanierungsarbeiten notwendig, die uns noch mal gut zwei Jahre auf einer Baustelle wohnen ließen. Aber diese Wohnung war wirklich jede Entbehrung wert.

Unser schöner Südseitenbalkon wurde uns allerdings wenig später wegen Einsturzgefahr von der Wohnungsverwaltung gesperrt. Grund war sein desolater Originalzustand. Als kleines Trostpflaster wurden uns 1,50 Mark Miete erlassen. Wie es sich für ordentliche Oppositionelle gehörte, haben wir den Balkon trotzdem einfach weiter genutzt. Sozusagen illegal, jedoch unter Mißachtung jeder Konspiration, denn er stand jeden Sommer voller blühender Blumen.

Unser Hof war ein kleines Spielparadies. Nicht daß er besonders groß war, aber Platz zum Budenbauen gab es genug, einen großen Sandkasten hatten wir auch. Außerdem standen im Hof zwei riesige Kastanienbäume, die uns im Sommer viel Schatten spendeten. Angrenzend befand sich ein großes Grundstück mit freistehenden Garagen. Entweder spielten wir dort Verstecken oder kletterten auf eines der Dächer und hüpften von Garage zu Garage. Kam einer der Besitzer, legten wir uns flach auf das Dach und hofften, daß wir nicht erwischt wurden. Außerdem gab es da noch die anderen Kinderbanden aus den Nachbarhöfen, gegen die wir unser Revier verteidigen mußten.

War das Wetter beschissen, spielte ich in meinem Zimmer. Die kleinen Playmobil-Kataloge hatten eine Menge Begehrlichkeiten in mir geweckt, die unsere familiären Westkontakte jedoch nur zum Teil abdecken konnten. Darum hatte ich mir mit der Zeit ein großes Lager an kleineren Pappkartons und Schachteln angelegt, aus denen ich dann für meine Playmobil-Figuren Ritterburgen und Raumschiffe bastelte. Mein größter Kinderwunsch war das Playmobil-Piratenschiff. Stundenlang schaute ich mir die winzigen Bilder meines zigarettenschachtelgroßen Kataloges an und träumte mich an Bord. Aber meiner Westoma war das Schiff zu teuer. Trotzdem wollten einige verwegene Playmobil-Piraten auf Kaperfahrt gehen. Aus einem alten Schuhkarton entstand schließlich in meiner Kinderzimmerwerft ein Segelschiff. Für die Strickleitern zerschnitt ich ein altes Einkaufsnetz. Optisch konnte es natürlich mit dem Original nicht annähernd mithalten, dafür hat es sich bei unzähligen Seeschlachten auf meinem Teppichboden tapfer geschlagen – und ist dann irgendwo im Bermuda-Dreieck zwischen Bett, Schrank und Schreibtisch untergegangen.

Leipzig zur Messe

Über weite Strecken des Jahres war Leipzig eine Stadt wie jede andere Stadt in der DDR. Doch Leipzig wäre nicht Leipzig, wenn es nicht die Messe gegeben hätte. Zweimal im Jahr, im Frühjahr und im Herbst, wurde die Stadt für jeweils eine Woche zur internationalen Messe-Metropole, und Heerscharen von Handelsvertretern und Managern strömten vor allem aus dem Westen in unsere Stadt. Das war schon seit Jahrhunderten so, und auch die Tatsache, daß in Leipzig nun der Sozialismus täglich siegte, hatte daran nichts geändert.

Bereits Wochen vor der Frühjahrs- und Herbstmesse begann ein emsiges Treiben, um die größten Schandflecken der Stadt zu kaschieren. Da wurden zum Beispiel an den Hauptverkehrsstraßen die Erdgeschoßzonen einiger Häuser frisch gestrichen, damit die Westbesucher aus den Autos heraus einen nicht ganz so trostlosen Ausblick hatten. Ab dem ersten Stock ging hingegen, von den Besuchern weitgehend unbemerkt, der Verfall weiter. Besonders die Häuser an der »Protokoll-Strecke« – der Straße, auf der DDR-Chef Honecker mit seinem Westauto zur Eröffnung der Messe in die Stadt einfuhr – waren hübsch angemalt. Der alte Mann sollte in dem Glauben gelassen werden, daß der Sozialismus planmäßig aufgebaut werde und nicht schon längst wieder zerfiel.

Auch mußten noch schnell die schlimmsten Schlaglöcher geflickt werden, denn die eleganten Westschlitten waren für solche Buckelpisten nicht konzipiert. Der Fluß Pleiße, der durch das Leipziger Zentrum fließt, war bereits in den 50er Jahren eingemauert worden, weil die Abwässer der chemischen Industrie vor den Toren der Stadt das Wasser in eine stinkende Brühe verwandelt hatten.

In den Restaurants wurden für die Zeit der Messe die Speisekarten gewechselt. »Messepreise« wurden festgelegt – alles wurde teurer, denn auch im Sozialismus wollte man mal was verdienen. Die Regale in den Geschäften wurden aufgefüllt, damit es nicht ganz so nach rumänischen Verhältnissen aussah. Mit etwas Glück kam man in dieser Zeit an Sachen ran, die es sonst das restliche Jahr nicht zu kaufen gab.

Auch die Leipzigerinnen und Leipziger selbst bereiteten sich voller Vorfreude auf die Messe und ihre Besucher vor. Außer im Hotel übernachteten viele Geschäftsleute von drüben in Privatquartieren. Die Wohnungen wurden auf Hochglanz poliert und teilweise komplett umgeräumt, die Familie rückte in der Abstellkammer zusammen, und in den restlichen Zimmern wohnten nun die Mitarbeiter der großen und kleinen Westfirmen. Tagelang beanspruchten die Gastgeber ihrerseits alle Geschäftsbeziehungen, um ordentliche Wurst, gutes Export-Bier und andere feine Lebensmittel im Kühlschrank zu haben, denn die Messegäste sollten sich ja wie zu Hause fühlen. Dafür brachten sie dann Geschenke mit, und natürlich bezahlten sie auch ihr Quartier nicht selten mit D-Mark. Neben dem persönlichen wirtschaftlichen Vorteil entstanden auch echte Freundschaften und nicht wenige Lust- und Liebesbeziehungen – Ost und West vereint für einige Tage.

Immer samstags rollten sie ein. Mercedes, Audi und VW parkten dann zwischen den Trabants und Wartburgs. Ein Porsche konnte in der Innenstadt schon mal einen mittleren Menschenauflauf verursachen, sehr zur Freude des Besitzers, denn drüben konnte er damit nur bedingt angeben – hier hingegen grenzenlos. In der Schule waren wir zuvor noch belehrt worden, die Besucher nicht nach Süßigkeiten anzubetteln, sich nicht die Nase an den Westautos plattzudrücken und keine Mercedes-Sterne abzubrechen, weil das keinen guten Eindruck von den Kindern in der DDR machen würde. »Aber Herr Lehrer, das haben wir doch gar nicht nötig – wir haben doch Messegäste!«

Die Messe fand an zwei Orten statt: zum einen auf dem Technischen Messegelände im Südosten der Stadt, zum anderen direkt in der Innenstadt in den Messehäusern, welche zur Jahrhundertwende erbaut worden waren. Den Rest des Jahres standen sie im übrigen leer. Von der Messe hatten alle etwas. Besonders die, die dort arbeiteten. Selbst Klofrauen bekamen von freundlichen Geschäftsleuten mal eine Tafel Schokolade oder Kölnisch Wasser in die Hand gedrückt. Auch der Fahrstuhlführer (so was gab es damals noch) wurde mit einer Stange Westzigaretten und Dosenbier versorgt. Überall herrschte Weihnachtsstimmung. Sankt Martin in allen Gängen. Weil die Westfirmen Unmengen von Nahrungs- und Genußmitteln mitbrachten, hatten es einheimische Standhilfen besonders gut, denn sie saßen an der Quelle. Was übrigblieb und nicht an die Ostgeliebten der Westfirmenmitarbeiter verschenkt wurde, trugen sie nach Hause. Ich weiß das, weil meine Mutter auch als Standhilfe arbeitete und es anschließend bei uns zu Hause einige Tage lang Westsaft und Schweppes-Limonade zu trinken gab. Das fand ich unheimlich fetzig. Trotzdem habe ich das Fruchtfleisch aus dem Granini-Orangensaft mit einem Sieb herausgefiltert. Was hatte das denn im Saft zu suchen?

Messeonkel

Auch wir beherbergten zweimal im Jahr einen Messegast. Dieser arbeitete für eine Hannoversche Chemiefirma. Meine Eltern hatten ihn nach meiner Geburt gleich zu meinem Patenonkel ernannt. Er war immer gutgelaunt, von kräftiger Statur, hatte einen dunklen Anzug an, roch angenehm nach »TABAC Original«, fuhr einen dunkelblauen Audi 80 und sprach einen ganz anderen Dialekt als die Leute hier in Leipzig. Eigentlich hatte er überhaupt keinen Dialekt, schließlich kam er ja aus Hannover. Aber er hatte so etwas Taffes in der Sprache und im Gestus wie alle anderen Wessis auch (damals sagte man noch »Bundis«). Das fand ich toll. Das erinnerte an Westfernsehen. Kein Wunder, denn er kam aus dem Westen.

Mit der Zeit merkte ich, daß sich in seinen schicken Samsonite-Hartschalenkoffern eine Menge Sachen für uns befanden, besonders für mich, ich war immerhin das Kind, sein Patenkind. Er sammelte vor jedem Leipzig-Besuch bei seinen Familienvater-Kollegen nicht mehr gebrauchte Machtbox-Autos und Playmobil-Figuren, Comics und Klamotten ein, und die warteten dann in seinem Gepäck auf mich. Und ich wartete auch. Ungeduldig. Darauf, daß endlich ausgepackt wird, wie zu Weihnachten. Besondere Qualen mußte ich erleiden, wenn er vormittags anreiste, nur kurz das Gepäck abstellte, gleich auf die Messe eilte und ich bis zum Abend nur um die Koffer schleichen konnte.

Manchmal drückte er mir noch schnell ein Asterix-Heft mit der Bemerkung in die Hand, daß es abends noch was gäbe. Argh, was für endlose Stunden, bis ENDLICH Onkel Friedel mit meinen Eltern in der Küche saß, das Abendbrot ENDLICH vorbei war und ENDLICH die Koffer geöffnet wurden. Ganz unschuldig saß ich in meinem Zimmer und lauschte angespannt, wie er mit seinen Tüten im Nachbarzimmer raschelte. Westcomics und Westspielsachen, Westklamotten und Westsüßigkeiten – alles viel bunter und toller, als ich es von hier kannte. Heute mag das albern klingen, aber als Kind habe ich das so gesehen. Und die Erwachsenen sahen das, glaube ich, genauso.

Einmal hatten die DDR-Zöllner unseren Messegast ausgiebig an der Grenze gefilzt und ein gutes Dutzend Micky-Maus-Hefte sowie ein Spiegel-Magazin für meine Eltern beschlagnahmt. Die Einfuhr westlicher Druckerzeugnisse war generell verboten, denn die DDR-Führung hatte die nicht unbegründete Angst, daß wir dadurch alle versaut werden würden. Da er die Hefte nicht auf seinem Einfuhrzettel angegeben hatte, unterstellten sie ihm Schmuggel und verdonnerten ihn zu 200 DM Strafe. Glücklicherweise konnte er unsere Familie als Adressaten dieser schönen, aber verbotenen Hefte raushalten. Könnt Ihr Euch vorstellen, was das für ein DDR-Kind bedeutete: Mitanzuhören, wie der Messe- und Patenonkel erzählt, daß er 17 Micky-Maus-Hefte mitbringen wollte, die nun auf dem Schreibtisch irgendeines Stasi-Schergen vergammelten? Das einzige, was sie ihm nicht abgenommen hatten, war ein Playboy-Magazin, welches er in seiner Mantelinnentasche versteckt hatte. Aber was interessierten mich damals die nackigen

Frauen im Playboy?! Ich wollte Donald-Duck-Geschichten lesen. Das waren und sind meine Hefte! Wenn irgend jemand in der Birthler-Behörde in einer Stasikiste einen Stapel Micky-Maus-Hefte findet, dann bitte bei mir melden. Das sind garantiert meine, ich bin immer noch interessiert.

Einschulung in die DDR

Meinen ersten richtigen Kontakt mit der DDR hatte ich eigentlich erst mit meiner Einschulung im September 1978. Ich wurde sozusagen in die DDR eingeschult. Arthur Hoffmann, nach dem unsere Schule benannt wurde, war ein früherer kommunistischer Stadtverordneter gewesen, der während der Nazizeit aktiv im Leipziger Widerstand gearbeitet hatte und dafür Anfang 1945 hingerichtet worden war. (Nach 1990 benannte man die Schule in »3. Grundschule« um, weil Arthur Hoffmann als Kommunist ja kein Demokrat gewesen sei. Die Stadt besann sich außerdem ihres rechtskonservativen Oberbürgermeisters Carl Goerdeler, der auch im Widerstand tätig gewesen war, und setzte ihm am Neuen Rathaus ein Denkmal. So ganz unter uns: Goerdeler war auch nicht mehr Demokrat als Arthur Hoffmann gewesen.)

Bei der Einschulungsfeier im Mehrzweckgebäude unserer 70er-Jahre-DDR-Neubaukasteneinheitsschule war ich übrigens der einzige ohne Ranzen. Ich kann mich daran noch so gut erinnern, weil mich natürlich viele fragten, wo denn mein Ranzen sei. Ich war jedoch ohne Sorge, denn ich wußte, daß er am Nachmittag im Auto von Onkel Friedel angeliefert werden würde, zusammen mit dem Geha-Füller extra für Linkshänder und der Doppelstockfedermappe. Westranzen gab es nicht viele an unserer Schule, und damals war es auch nicht wirklich wichtig, woher nun der Ranzen kam.

Aber meiner sah natürlich irgendwie fetziger aus als die DDR-Modelle. Leider hatte er einen entscheidenden Nachteil: Im Gegensatz zu den robusten DDR-Ranzen war er nicht wasserdicht. Pech bei starkem Regen. Machte nichts, dafür war er aus dem Westen. Echt West! Trotzdem hat er irgendwie nicht sehr lange gehalten, und ich mußte einige Jahre später schließlich doch noch einen DDR-Ranzen aus stabilem Leder tragen. Da ging maximal eine Naht auf, und die konnte man einfach wieder zunähen. Bis zum beliebten Aktenkoffer als Jugendweihegeschenk (ich bekam natürlich einen von drüben) war es noch ein endlos langer Weg.

Während die Eltern im Westen schon seit der Geburt überlegten, ob ihr Kind nun in eine »normale« Grundschule oder auf die Realschule oder lieber in die Waldorfschule oder besser gleich auf ein katholisches Eliteinternat kommen solle, wurde das den hiesigen Eltern von Staatsseite abgenommen. In der DDR gingen alle Schüler zunächst auf eine Polytechnische Oberschule (POS) – analog zur Realschule –, und die Klügsten der Klasse konnten später eine Erweiterte Oberschule (EOS) besuchen, was gleichzusetzen war mit dem Gymnasium. Daneben gab es noch ein paar Spezialschulen für besonders Begabte beziehungsweise für besonders Unbegabte. Auf die EOS wechselte man frühestens in der 9. Klasse. Bis dahin waren wir alle zusammen, die Klugen, die Dummen und die Mittelmäßigen. Mein Jahrgang aus dem Wohngebiet startete dreizügig, das heißt, es gab eine A-, eine B- und eine C-Klasse. Ich kam in die B. Die Buchstaben stellten natürlich keine Klassifizierung der Schüler dar, sie waren sozusagen die Hausnummern für unsere Klassen.

Alle Kinder aus dem umliegenden Wohngebiet zwischen Bernhard-Göring-Straße, Altenburger Straße, Karl-Liebknecht-Straße und Alfred-Kästner-Straße gingen auf die »Arthur-Hoffmann-Schule«, auch einfach nur »die Hoffmann« genannt. Keiner wohnte weiter als zehn Minuten zu Fuß entfernt. Entsprechend bunt war die soziale Zusammensetzung. Die Eltern waren Arbeiter, Handwerksmeister, Sekretärinnen, SED-Betriebsparteisekretäre oder Verkäuferinnen.

Im Herbst 1978 wurde ich nicht nur eingeschult, sondern im selben Jahr auch noch Mitglied der Pionierorganisation »Ernst Thälmann«, was durch die feierliche Überreichung des blauen Halstuches besiegelt wurde. Ein Ritual beziehungsweise notwendiges Übel, dem sich nur Pfarrerskinder zu entziehen wagten. Ich wurde also Jungpionier. Unsere Pionierkleidung mußten wir zum Glück nur zu »offiziellen Anlässen« in der Schule tragen. Irgendwie verpaßten es meine Eltern aber, mir das entsprechende weiße Hemd mit dem Pionieremblem zu kaufen, und so trug ich immer ein weißes C&A-Hemd meines Cousins aus Bad Godesberg – sehr subtil.

Alle Schuljahre aufs neue mußten wir in unserer Klasse eine Leitung unseres Pionieraktivs, später des FDJ-Aktivs, wählen. Wir brauchten einen Vorsitzenden, einen Stellvertreter, Kassierer, Wandzeitungsredakteur, Agitator und einen Kulturfunktionär – quasi den gesamten Parteiapparat im Miniformat. Das war manchmal eine quälende Angelegenheit, denn niemand hatte richtig Lust auf so was. Glücklicherweise fanden sich dann doch einige, die die Last auf sich nahmen, vor allem die, die später mal auf die EOS wollten. Es war ja sowieso in den meisten Fällen eine Funktion, die nur auf dem Papier existierte, denn ein munteres Pionier- oder FDJ-Leben entwickelten wir nicht. Mit unserer Freizeit wußten wir was Besseres anzufangen. Natürlich mußte man als Wandzeitungsredakteur wenigstens einmal im Schuljahr eine Wandzeitung gestalten. Und die Pioniergruppe traf sich auch einmal im Monat und ging zum Beispiel ins Kino, wofür der Kulturfunktionär vorher telefonisch Karten bestellt hatte. Man definierte sich persönlich aber nicht über die Mitgliedschaft in der Pionierorganisation oder in der FDJ, sondern nur über den Freundeskreis und über die Schulklasse. Diese Mitgliedschaften waren zu meiner Zeit in erster Linie eine bloße Formalität ohne jede persönliche politische Aussage. Keiner machte deswegen Streß, und dafür wurde man in Ruhe gelassen. Geistiger Papierkram. Dem Wunsch der Oberen, uns zu »sozialistischen Schülerpersönlichkeiten« erziehen zu lassen, kamen in den 80ern die meisten Lehrer an der Basis schon längst nicht mehr nach. Hauptsache, alles ging einigermaßen seinen Gang, und es gab keine Klagen.

Zum DDR-Schulalltag gehörten zu verschiedenen Anlässen und Feiertagen Appelle auf dem Pausenhof. Das bedeutete, daß alle Klassen von der 1. bis zur 10. sich in Dreierreihen-Marschformation vor dem Schulgebäude in einem Viereck aufstellen mußten. Drei Seiten Schüler, eine Seite Schulleitung, alle mit Blick in die Mitte. Die Lehrer standen immer hinter den Klassen, um die Rüpel in Schach zu halten, damit sie die Zeremonie nicht schmissen. Besonders schwierig wurde das, wenn Schnee lag und in unbeobachteten Augenblicken Schneebälle in die Nachbarklassen geworfen wurden.

Bei den 8. Klassen war eine Lücke, durch die dann immer die »Fahnendelegation« einmarschierte. Auf das lautsprecherverstärkte Kommando der Schulpionierleiterin »Fahnendelegation, Achtung! Im Gleichschritt – Marsch!« trotteten drei Schüler in die Mitte. Jeder von ihnen trug eine Fahne: die der Pionierorganisation, die der DDR, die der Arbeiterklasse. Zur Fahnendelegation konnte man vor allem »delegiert« werden, wenn man am Morgen des Appells unvorsichtigerweise in kompletter Pionierkleidung kam. Als Junge mit olivgrünem Karstadt-NATO-Parka ohne Pionierhemd hatte man keine Chance, genommen zu werden.

Besonders beeindruckend fanden wir Erstkläßler bei den Appellen immer die Begrüßung zwischen Schulleitung und Schülern. Während alle Schüler im Pionieralter die Begrüßung »Seid bereit!« mit einem lauten und hell klingenden »Immer bereit!« beantworteten (die älteren Schüler riefen teilweise schon keß »immer breit!«), grüßten die Acht- bis Zehntkläßler, die alle Mitglied der Jugendorganisation FDJ sein durften, mit einem gaaanz coolen, nuschelnden und sehr, sehr tiefen »Freundschaft!«, was auch am beginnenden Stimmbruch lag. In der Folgezeit verstärkten wir unsere großen Klassen beim Grüßen, indem wir mit ihnen gemeinsam mit gaanz, gaanz tiefer Stimme »Freundschaft« riefen.

Meine Schulklasse

Eine Schulklasse war nicht nur eine Zweckgemeinschaft, sondern zehn Jahre Schulzeit mit fast denselben Mitschülern bedeuteten eine feste Konstante im Leben eines Heranwachsenden. Außerdem war die Schulklasse ein interessanter Mikrokosmos, weil man über eine so lange Zeit fast jeden Tag zusammen war. Kaum etwas blieb einem verborgen. Über neue Frisuren wurde ausführlich hinterm Rücken der betreffenden Person abgelästert, angeblich gesehene Erwachsenenfilme im Samstagsspätprogramm auf ARD und ZDF wurden tagelang ausgewertet, oder es wurde über anstehende Klassenfahrten gesprochen. Natürlich haben wir uns nicht immer alle gleich gut miteinander verstanden, mal fand man die doof, mal den nett. Aber die eigene Klasse war und ist ein wichtiger emotionaler Bezugspunkt, und das finde ich großartig. Besonders deutlich wird das heute bei Klassentreffen. Man hat sich zehn Jahre nicht gesehen und schwatzt miteinander, als wenn man gerade letzte Woche den Schulabschluß gefeiert hätte. Und erstaunlicherweise sitzt man bei solchen Treffen mit genau denselben Leuten am Tisch, mit denen man auch damals abgehangen hat. Und dann gibt es ehemalige Mitschüler, mit denen man sich all die Jahre irgendwie nie etwas zu sagen hatte, und trotzdem fühlt man sich mit ihnen verbunden. Hat uns die DDR-Schule etwa unbewußt doch zu sozialistischen Gemeinschaftsmenschen erzogen? Bin ich am Ende gar nicht der individualisierte, geheime Bundesbürger in Leipzig gewesen, der ich glaubte zu sein? Oder ist das einfach nur sentimentale Scheiße?

In unserer Klasse gab es sie sozusagen, die klassenlose Gesellschaft. Denn es zählte vor allem, *wer* du warst, und nicht, *was* du hattest. Nun ja, wenn ich ehrlich bin, haben wir natürlich die Typen, die irgendwie Sprallis waren, geschnitten, aber ihre soziale Herkunft spielte dabei keine große Rolle. Bei der Festigung des eigenen sozialen Status war es viel wichtiger, daß man sich nicht mit jüngeren Schülern aus den unteren Klassen abgab, auch wenn sie noch so tolle Westsachen hatten. Das war absolut uncool. In den ersten Schuljahren konnte man außerdem seinen Stand dadurch erhöhen, daß man ältere Schüler aus den höheren Klassen kannte, die einem bei den zahlreichen kleineren Prügeleien auf dem Pausenhof aus der Patsche helfen konnten. Mit einem großen Bruder in der Rückhand konnte man sich darum fast alles erlauben. Ich war in dieser Hinsicht als Einzelkind benachteiligt. Aber wir hatten ja auch innerhalb unserer Klasse einige schlagkräftige Banden, die man notfalls bei Auseinandersetzungen mit hinzuziehen konnte.

Alle meine Mitschüler an dieser Stelle aufzuzählen würde nur Chaos anrichten, darum will ich mich auf einige wenige beschränken: Thümi hieß eigentlich Steffen Thüm, aber damals machte man aus allen möglichen Namen solche Spitznamen mit einem »i« hinten dran, darum Thümi. Klingt ja auch besser als »Steffi« für einen Jungen. Thümi hatte vier Tage nach mir Geburtstag und war mir deshalb schon sympathisch. Außerdem war er ähnlich kleingewachsen wie ich. Mit den Schuljahren wurde er ein wenig aufmüpfiger gegenüber den Lehrern, was sich dann in seinen Kopfnoten niederschlug. Wir verstanden uns trotzdem prima. Sportlich war er mir um einiges voraus. Er spielte in seiner Freizeit Fußball, und wenn wir im Sportunterricht auch mal kickten, rannte er allen davon. Das war deprimierend für mich, ich blieb in der Folgezeit ein eher unsportlicher Typ.

Da war ich in bester Gesellschaft mit Rüdi, der eigentlich Rüdiger Buschner hieß. Rüdi wohnte nur eine Straße von mir entfernt, wo er sich mit seinem zwölf Jahre älteren Bruder ein zehn Quadratmeter großes Zimmer teilte. Besonders im Sport waren wir *brothers in mind*. Außerdem hatte er auch eine Westoma, Lego-Spielzeug und Comics.

Jörg Naundorf, den wir bald nur noch »Nauni« nannten, war ein immer gutgelaunter hagerer Typ. Mit Nauni analysierte ich in den Folgejahren ständig die Attraktivität der Mädels an unserer Schule, und wir stellten interne Hitparaden auf.

Was die Umgestaltung meines Namens anging, hatte ich »Glück«, da Sascha schon mein mitgebrachter Spitzname war. So wurde ich nicht in »Alex« oder »Langi« umgetauft. Außerdem gab es in unserer Klasse noch Schubi, Svenni, Günni, Dirki, Künni, Conny, Andi und einige, an deren Namen man beim besten Willen kein »i« hinten ranbekam.

In der 1. Klasse lief ich immer mit Beate nach der Schule nach Hause, denn wir hatten den gleichen Schulweg. Damit dieser nicht zu langweilig wurde, sagte ich ihr den Text meiner ersten Westhörspielkassette »Wie die Schlümpfe Schlagerstars wurden« auf. Ich hatte sie so oft gehört, daß ich sie komplett auswendig konnte. Eine Begabung, die in den folgenden Schuljahren stark verkümmerte, denn beispielsweise das Auswendiglernen von Russischvokabeln war überhaupt nicht meine Stärke.

Beate war jedenfalls von den Schlümpfen begeistert. Ich war von Beate begeistert, so richtig jedoch erst einige Jahre später. Sie stand auf das Lied »Teenagerliebe« der Westberliner Band Die Ärzte, das sie uns immer in der Pause vorsang. Viele Jungs aus der Klasse waren damals in Beate verknallt, aber sie hat das, glaube ich, nie mitbekommen.

Als 1983 in unserer Klasse die Poesiealben rumgereicht wurden, schrieb sie mir folgenden Spruch ein:

> So wie die Täubchen leben
> in Fried und Einigkeit,
> so wünsch ich Dir im Leben
> Glück und Zufriedenheit.

Diesen las ich wieder und wieder in der Hoffnung, zwischen den Zeilen einen versteckten Hinweis auf eventuelle Zuneigung zu mir zu finden, aber meine Suche war vergebens. Sie stand auf Farin Urlaub, den Sänger der Ärzte, und dem konnte keiner in unserer Klasse das Wasser reichen.

Eines der großen Mysterien in meiner Schulzeit war die »Alarmkette«. Mit der Alarmkette war es möglich, alle Schüler innerhalb kürzester Zeit in die Schule zu beordern. Das erschien schon deshalb überflüssig, weil wir ja von montags bis samstags immer in der Schule waren. Egal, die Alarmkette funktionierte folgendermaßen: Diejenigen, die von der Schule aus am entfernteston wohnten, bekamen von der Klassenlehrerin einen Anruf. Daraufhin rannten diese zu den nächsten Klassenkameraden, die kein Telefon zu Hause hatten, und so wurden alle anderen auf dem Weg zur Schule eingesammelt. Innerhalb von zehn Minuten konnten mit dieser Methode alle Schüler unserer Klasse in der Schule sein, das hatten wir mehrmals geprobt. Aber wozu? Die Termine für die Pioniernachmittage standen Wochen vorher im Hausaufgabenheft und wann wir früh in der Schule zu sein hatten auch. Wollte man uns etwa im Falle eines nuklearen Angriffs der NATO im Betonschulkeller ein paar Stunden länger am Leben halten, während unsere Eltern bereits verreckt waren?

Eines der »Problemkinder« in unserer Klasse war in den Augen der Lehrer Andi. Andi war eigentlich ein netter Kerl, aber er war impulsiv und hatte eine große Klappe, besonders gegenüber Lehrern. Ich erinnere mich an eine Begebenheit, als sich Andi mit unserer Geographielehrerin Frau Müller in die Haare bekam. Andi schrie sie vor versammelter Klasse an: »Mach mich nicht an, bei ›Miami Vice‹ wären Sie schon längst tot.« »Miami Vice« war im Westfernsehen zu dieser Zeit die angesagteste Krimi-Serie aus den USA, die natürlich alle aus unserer Klasse guckten – die Lehrer bestimmt auch. Frau Müller war jedenfalls empört und wollte ihre Autorität wiederhergestellt wissen. Es kam zu einer Aussprache mit der Direktorin und Danni, einer FDJ-Funktionärin aus unserer Klasse. Beim nächsten Appell wurde öffentlich ein Direktorentadel gegen Andi ausgesprochen. Den Grund konnten wenig später alle Schüler in einem Schaukasten Wort für Wort nachlesen, und wir sahen viele lachende Gesichter. Ihre

Autorität konnte Frau Müller nun nie mehr vollständig wiederherstellen.

Im Laufe der Jahre halfen wir uns immer wieder gegenseitig bei Leistungskontrollen – so gut es ging, und solange es der Lehrer nicht mitbekam. In der 9. Klasse saß ich einmal ideenlos über einer Arbeit, die sich mit dem gesellschaftlichen Leben in der DDR auseinandersetzte. Dafür sollte es dann das »Abzeichen für gutes Wissen« in Gold, Silber oder Bronze geben. Sollte ich hier etwa die Wahrheit schreiben? Zumindest die, welche mir meine Eltern zu Hause erzählten? Das könnte Ärger geben, vor allem für meine Eltern. Hilfesuchend schaute ich in die Klasse. Ich nahm Blickkontakt zu Dirk auf, einem unserer Einsenschreiber und alten Kindergartenkumpel. Flüsternd fragte ich ihn, was wir denn da hinschreiben sollen. Er blickte mich an und flüsterte mir zu: »Schleimen!« Jetzt wußte ich Bescheid. Ich schrieb, daß die SED alles zum Wohle des Volkes unternehme, daß wir in Frieden und Geborgenheit aufwüchsen und keiner um seinen Arbeitsplatz fürchten müsse. Und so weiter und so fort, eben dieses Blablabla, das in den Staatsbürgerkundebüchern stand. Das »Abzeichen für gutes Wissen« in Silber, das ich dafür bekam, überraschte mich überhaupt nicht. Angesteckt habe ich es mir natürlich nicht. Es verschwand in der Schreibtischschublade und ward nie wieder gesehen.

Paketabholung

Was war das für ein Ereignis, wenn die Postfrau klingelte und einen Paketschlüssel brachte. Ursprünglich wurden die einfach in die Briefkästen geworfen, aber als sich die Diebstähle der Schlüssel häuften, weil andere Menschen ohne Westkontakte auch gerne Westpakete haben wollten, gab die Postfrau sie persönlich ab. Meist wurde man im Vorfeld telefonisch von drüben informiert. »Ein gelber Bomber ist wieder unterwegs«, hieß es da am Telefon aus Hannover. Die gelben Bomber waren nicht etwa die Vorgänger der gelben Engel des ADAC, sondern die gelben Postpakete. Die Paketschlüssel waren für Schließfächer, die in den Stadtvierteln verteilt standen. Man machte sich sofort auf den Weg, denn auch hier konnte die soziale Umverteilung vonstatten gehen.

Das erste Problem, das es zu lösen galt, waren die immer schlecht schließenden Schlösser. Kriegte man den Schlüssel rein? Ließ sich das Schloß überhaupt öffnen? Was machen, wenn das Schloß klemmte und der Schlüssel nicht mehr rausging? Bange Minuten. Dann endlich – die Tür öffnete sich nach einigem Rumruckeln und Fluchen. Wie groß war das Paket? Was würde wohl drin sein? War es beschädigt? Hatten die beim DDR-Zoll was rausgenommen? Erst mal nach Hause tragen. Westpakete waren immer schwer, die Schnüre schnitten in die Hand. Es schmerzte, aber im Inneren befanden sich die schönen Sachen. Absetzen, andere Hand, weiter.

Endlich zu Hause. Das Paket wurde auf den Küchentisch gestellt, aber Vater war noch nicht da. Also warten, denn die Familie sollte komplett sein, wenn das Paket ausgepackt wurde, eben wie zu Weihnachten.

Es gab eine Redensart für Sachen, die man ganz schnell und ungeduldig auspackte: »aufruppen wie ein Westpaket«. Bei den echten Westpaketen machte man das aber eigentlich ganz anders: Meine Mutter zum Beispiel knotete den guten Verpackungsstrick immer vorsichtig ab und wickelte ihn fein säuberlich auf, denn den konnte man ja noch wiederverwenden.

Endlich waren alle da, und der Sesam öffnete sich. Ganz oben lag immer der handgeschriebene Inhaltszettel. Vergleichen, ob was fehlte. Und dann: Bescherung, mitten im Sommer. In Ermangelung eines Weihnachtsmannes verteilten wir selbst die Geschenke und packten sie aus. Meist Kaffee, Seife, Schokolade und andere Süßigkeiten. Manchmal war auch eine Dr.-Oetker-Backmischung dabei. Westkuchen. Interessant war auch das verwendete Knüllpapier, in das die Orangen eingewickelt waren, meist Seiten von bei uns verbotenen Westtageszeitungen, die der Zoll übersehen hatte. Eine Tüte mit getragenen Adidas-Turnschuhen für mich. Sahen noch gut aus. Neben den drei Streifen stand »Samba«. Waren das Tanzschuhe? Ich probierte sie gleich an: Sie paßten, Glück gehabt! Dann noch ein dunkelblaues Sweatshirt mit einem Rollschuh vorn drauf. Todschick! Er duftete nach Westwaschmittel und Westweichspüler. Gleich am nächsten Schultag würde ich es anziehen, auch wenn es dafür eigentlich zu warm war. Alle sollten schnuppern, daß ich nach Westen roch!

Scherbelberg

Am Westrand der Südvorstadt, kurz bevor der Auewald anfängt, gleich neben dem ehemaligen Polizeirevier, steht seit Mitte der 40er Jahre der Scherbelberg, ein riesiger Trümmerhaufen, ein Müllberg. Die Einzelteile Dutzender wunderschöner Gründerzeitwohnungen liegen unter ihm begraben. Noch heute sieht man zwischen den Bäumen Teile von gemauerten Schornsteinen, steinerne Türeinfassungen oder verrostete Eisenteile. Bis in die 70er Jahre wurde er als Müllhalde benutzt. Doch Tier- und Pflanzenwelt des nahegelegenen Auewaldes hatten sich den Hügel beizeiten einverleibt. Überall wuchsen nun Bäume und Sträucher, so daß man zweimal hinsehen mußte, um zu erkennen, daß dies eine Schutthalde war. Nur ganz oben sah man noch den gerade frisch angelieferten Bauschutt. In den 80er Jahren hörten die Lieferungen auf, und man begann auf seiner abgeflachten Spitze eine Wiese anzulegen. Außerdem stellte man am Rande des inzwischen asphaltierten Weges Kunstobjekte auf, Holzplastiken, die irgendwie alle an riesige Kackhaufen erinnern – passend zu den dort spazierenden Hunden und ihren Besitzern.

Im südlichen Nachbarkiez Connewitz war eine kleine Nachrichteneinheit der Roten Armee in einer alten Wehrmachtskaserne untergebracht. Wenn die Manöver hatte, fuhr sie nicht raus aus der Stadt auf einen Acker, sondern baute, wohl der strategischen Lage wegen, eine Funkstation auf dem Scherbelberg auf. Das war für alle

Südvorstädter aus dem Grunde lästig, weil die Bruder-Frequenzen dann unseren ZDF-Empfang überlagerten und man ihnen zu Hause vorm Fernseher beim Funken zuhören konnte – sofern man denn der russischen Sprache mächtig war. Glücklicherweise passierte das nur einmal im Jahr.

Besonders beliebt war der Scherbelberg unter den Kindern der Südvorstadt im Winter. Die Mutigen (und die Leichtsinnigen) rodelten an den steilen Hängen mit Schlitten und Gleitschuhen in mörderischer Geschwindigkeit nach unten. In aller Munde waren diese sogenannten »Todesbahnen«, weil sie wirklich nicht ungefährlich waren, was ihrer Beliebtheit unter den Kids jedoch keinen Abbruch tat. Im Gegenteil, es gab keine bessere Mutprobe, als sich eine der Todesbahnen hinabzustürzen. Außer vielleicht, an den verrosteten Leitern an der Innenwand des alten Gasometers am Südwestende der Südvorstadt bis hoch aufs Dach zu klettern. (Ganz im Vertrauen: Ich habe keine der beiden Mutproben bestanden – ich bin nicht mal angetreten.)

Die Kinder, die direkt am Scherbelberg wohnten, bauten sich im Sommer in den dichten Gebüschen Buden und spielten Räuber und Gendarm. Wir vom östlichen Teil unseres Viertels kamen dort eher nicht zum Spielen hin. Das hatte was mit den Gruselgeschichten von Halbstarkencliquen zu tun, die sich hier zum heimlichen Rauchen trafen und Kinder verprügelten. Geschichten, die sicherlich fürsorgliche Eltern in die Welt gesetzt hatten, um uns von diesem weit entfernten und für sie unübersichtlichen Spielparadies fernzuhalten.

Die Mystik des kleinen Berges blieb uns jedoch mit dem Älterwerden erhalten. Für uns als Jugendliche wurde er zu einem beliebten Ziel für Spaziergänge. Hier, auf dem grünen Dach unseres Stadtviertels, hatte man einen herrlichen Blick über Leipzig. Die Innenstadt nur einen Steinwurf entfernt, ganz hinten im Westen die Betonklötze des Neubaugebietes Grünau, und zu seinen Füßen der lange Streifen des Auewaldes, der die Stadt quasi in zwei Hälften teilt. Lustig war es, wenn wir nachts mit der Clique hochliefen und uns dabei Gruselgeschichten erzählten. Solweig zum Beispiel war furchtbar schreckhaft, und wir nutzten das natürlich schamlos aus – was für ein herrliches Gekreische.

Neben Spaziergängen in der Gruppe war der Scherbelberg an lauen Sommerabenden auch ideal für lauschige Momente zu zweit. Besonders wenn man noch nicht wußte, ob das Mädchen mehr als nur freundschaftliche Zuneigung empfand, eignete sich der Scherbelberg nach einer Party oder einem Discobesuch perfekt als »Teststrecke«, und das ging so: Man lief mit der Angebeteten nicht den langen Weg, sondern nahm eine Abkürzung, einen steilen Trampelpfad querfeldein. An einer bestimmten Stelle konnte nur ein Ortskundiger ohne fremde Hilfe weiterklettern. Man ging voraus und bot seiner »Flamme« die Hand an. Hielt sie diese nach der Kletterei immer noch fest, bestanden gute Aussichten auf Knutschereien oben auf der Wiese. Ließ sie einen gleich wieder los, konnte man nach einem kurzen Blick über das nächtliche Leipzig getrost den normalen Rückweg antreten.

Mit einer Picknickdecke im Gepäck waren die Büsche am Hang ein schöner Ort trauter Zweisamkeit. Dort schwirrten nach dem Sonnenuntergang manchmal Glühwürmchen herum, was den Romantikfaktor natürlich noch um einiges steigerte. Hatte man später den dazugehörigen Liebeskummer, spazierte man mit einem Kumpel auf den Scherbelberg, setzte sich oben auf die Wiese, trank die mitgebrachten Biere und schaute in die untergehende Sonne. Oder man ging allein hoch und überlegte nach düsteren Stunden der Trauer in aller Ruhe, welches Mädel man als nächstes anbaggern könnte.

Westwaren

Die Offiziellen in der DDR sagten immer, daß der Sozialismus den Kapitalismus irgendwann überall auf der Welt ablösen würde, weil das eine Gesetzmäßigkeit der Menschheitsgeschichte sei. Also erst Urgesellschaft, dann Sklavenhaltergesellschaft, Feudalherrschaft, Kapitalismus, Sozialismus und schließlich als Krönung der Kommunismus. Mittlerweile wissen wir alle, daß es in der Reihenfolge auf dem Weg zum Paradies auf Erden auch kleinere vorübergehende Abweichungen geben kann, aber das war in den 80ern den Staatsbürgerkundelehrern an unserer Schule noch nicht klar.

Der Kapitalismus seinerseits wußte, daß er irgendwann sterben würde, und das wollte er natürlich verhindern. Und so lockte er mit den bunten Westwaren – wie die Hexe aus Hänsel und Gretel mit ihrem Pfefferkuchenhaus – uns, die Bürger der sozialistischen Staaten, die wir uns ja schon auf der nächsten Entwicklungsstufe zum Paradies befanden. Und wir gaben uns willenlos hin, denn wir konnten ja täglich vergleichen: das Warenangebot in den DDR-Kaufhallen gegen die Sachen aus dem Intershop und der Westwerbung. Was für ein ungleicher Wettbewerb. Wir hatten zu Hause zwar nur einen kleinen Schwarzweißfernseher, aber ich erkannte sofort, daß das Zeug von drüben einfach viel bunter aussah und viel besser schmecken würde. Dabei herrschte – zumindest bei den Grundnahrungsmitteln – in der DDR wahrlich keine Knappheit. Hungern mußte niemand. Auch Bier und Schnaps standen immer reichlich in den Regalen. Aber die Verpackung ist es letztlich, die zum Kauf animiert, zum Habenwollen. Und alle Westwaren hatten eine schöne Verpackung. Produkte für Gewinner. Für Menschen auf der Sonnenseite des Lebens. Wer wollte nicht dazugehören?

Die große Nachfrage und der gleichzeitige Mangel an Westprodukten in der DDR führte zu einer gewissen Mythosbildung, zu einer Glorifizierung, die wirklich seltsame Blüten trieb. Besonders die Leute, die aufgrund fehlender Westkontakte so gut wie keine Chance hatten, in den Besitz von Westwaren zu kommen, versuchten trotzdem, an der westdeutschen Warenwelt teilzuhaben. In zahllosen Schrankwänden und Jugendzimmern befanden sich regelrecht kleine Altäre, die dem begehrten Westprodukt huldigten. Leere HB- oder Marlboro-Zigarettenschachteln, ausgetrunkene BOLS-Likör-Flaschen, Getränkedosen von Coca-Cola und DAB-Bier, die irgendein Westbesuch zurückgelassen hatte.

Gern wurden auch die Verpackungen westlicher Nahrungs- und Genußmittel recycelt, die man collagenhaft außen an seinen Papierkorb klebte. Ein BRD-Mikrokosmos im Zimmer voller DDR-Realitäten.

Getränkedosen-von-drüben-Sammeln war ebenfalls schwer angesagt. Auch ich gab mich irgendwann diesem Hobby hin. Zum Wegschmeißen waren die doch echt zu schade, so schön bunt wie sie waren. Die Dosen gab es im Intershop zu kaufen, und außerdem brachten die Messebesucher zweimal im Jahr Nachschub. Im Sommerurlaub an der Ostsee fand ich außerdem pausenlos Dosen am Strand. Diese waren an Land gespült worden, nachdem irgendein skandinavisches Fährschiff seinen Müll im Meer entsorgt hatte. Leider waren all diese Fundstücke schon angerostet, und ich mußte sie schweren Herzens liegenlassen, denn das Sammeln von vergammeltem Zivilisationsmüll war nun wirklich unter meiner Würde. Dafür angelte ich auf der Rückfahrt auf einem Transit-Autobahnrastplatz eine gut erhaltene Fanta-Dose aus der Mülltonne, die mir bisher noch gefehlt hatte.

Shop – Exquisit – Delikat

In der Schule erzählten wir uns immer einen Witz: »Was heißt eigentlich SED?« – »Das ist die Abkürzung für Shop, Exquisit und Delikat.«

Der Besuch von Westverwandten und Messegästen, die Pakete von drüben und das Westfernsehen brachten den Westen zu uns nach Hause. Aber mal in so einem richtigen Westladen einkaufen, wo es nur Westsachen gibt ... Kein wirkliches Problem in der DDR, dafür gab es die Intershops. Die DDR brauchte D-Mark, und die Besucher aus dem Westen hatten sie in der Tasche. Also bot man ihnen ihre Westwaren im Osten an. In Leipzig gab es Intershops wegen der vielen westdeutschen Messegäste in jedem größeren Hotel sowie einen in der Innenstadt gleich hinter dem Kino »Capitol«, ein anderer befand sich auf dem Technischen Messegelände vis-à-vis meiner Südvorstadt. Noch heute könnte ich aufzählen, in welchen Regalen welche Sachen standen, nicht weil wir dort alles leergekauft hätten, sondern weil ich dort so oft zum Gucken war.

Ursprünglich nur für Besucher aus der BRD eingerichtet, durften ab Mitte der 70er Jahre auch DDR-Bürger in Intershops einkaufen, sofern sie über D-Mark verfügten. Das war für viele Leipziger nicht allzu schwer, wenn sie auf der Messe bei westlichen Firmen arbeiteten, Messegäste von drüben hatten oder die Westverwandtschaft bei ihren Besuchen ein paar Scheinchen spendierte. Und natürlich ließ auch meine Westoma ihrem lieben Ostenkel hin und wieder einen Westzehner zukommen.

Die Intershops lagen in der DDR, und doch schienen sie völlig außerirdisch zu sein. Wer die Schwelle zum Geschäft überschritt, tauchte für kurze Zeit komplett in die westdeutsche Warenwelt ein. Es fielen einem in den hellerleuchteten Räumen sofort drei Dinge auf: Erstens standen dort Regale, die bis zur Decke nur mit Westwaren gefüllt waren, und das sah wunderschön bunt aus. Alle diese »Markenprodukte«, die man aus den Werbepausen von ARD und ZDF kannte, gab es hier. Zweitens machten die Kassen andere Geräusche als in den übrigen Geschäften. In der DDR gab es nur ratternde mechanische Kassen. In den Intershops standen hingegen elektronische Kassen, die nicht ratterten, sondern bei jeder Eingabe leise piepsten, wie das eben nur Westkassen machen. Das Dritte war das Beeindruckendste für mich: Hier konnte man den Westen nicht nur sehen und hören. Man konnte ihn vor allem riechen: Persil-Waschmittel, Lux-Seife, Irish-Moos-Rasierwasser, Jacobs-Kaffee, Milka-Schokolade, Meister Proper. Diese und viele, viele andere Produkte ergaben zusammen einen Geruch, der mir bis heute im Gedächtnis ist – und den ich übrigens nach der Wende vergebens in den Geschäften gesucht habe. Im Westen von heute riecht es nirgendwo nach dem Westen der Intershops. Schade.

Neben Lebensmitteln und Drogerieartikeln konnte man auch Westklamotten bekommen, Levis-Jeans und so weiter. Auch gab es in einigen Shops Radios, Fernseher, elektrische Rasierapparate, Matchbox-Autos, Rauhfasertapeten und sogar Türklinken – alles Westwaren.

Von den Süßigkeiten und den Kassettenrekordern war ich ja schon schwer begeistert. Aber ab Mitte der 80er Jahre wurde das Sortiment in einigen Intershops noch um Waren erweitert, wie ich sie bislang wirklich nur aus dem Westfernsehen und aus Werbeanzeigen in Comics kannte. Westprodukte meiner Begierde, die transportbedingt der Besuch von drüben nicht mitbringen konnte: Dr.-Oetker-Eis. Unglaublich, aber wahr: Eis aus dem Westen hier bei uns, die kleinen eingepackten Eistüten und auch die großen Familienpackungen. Ich war ein besonderer Fan von Pistazien-Eis und wünschte mir gleich eine Ein-Liter-Packung zu Weihnachten. Meine Eltern machten mich dann bei der Bescherung darauf aufmerksam, daß ich ein bestimmtes Geschenk gleich als erstes aufmachen solle – weil es schnell wieder ins Tiefkühlfach müsse. So konnte ich mir immer besser vorstellen, wie es wohl im richtigen Westen schmecken würde.

Eine Oase fernab der DDR-Realität waren außerdem die Interhotels. Konnte man hier im Gegensatz zu den Intershops auch in DDR-Mark bezahlen, so waren sie dennoch in erster Linie für die westlichen Besucher konzipiert und dementsprechend luxuriös. Die Leipziger Interhotels mit solch schönen Namen wie »International« oder »Astoria« wurden 1981 um einen Bau der Superlative erweitert: das Fünf-Sterne-Interhotel »Merkur« unweit des Hauptbahnhofes. Dieses 24geschossige Gebäude wurde komplett von einer japanischen Firma errichtet, und seine hellorange gekachelte Fassade leuchtete geradezu aus dem Einheitsgrau der umliegenden Häuser hervor. Benannt wurde es nach dem Gott des Handels, passend zur Messe. Wenigstens waren einige der Restaurants auch für die normalsterblichen Leipziger zugänglich. So gab es ein japanisches und ein italienisches Restaurant und eins mit der typischen gehobenen Interhotel-Küche.

Da meine Eltern nicht wahnsinnig gerne zu Hause kochten, gingen wir an den Wochenenden manchmal in Interhotels essen, auch ins »Merkur«. Dort saß im Restaurant »Arabesque« in geradezu »westlich-dekadenter« Atmosphäre ein Pianist hinterm Klavier und spielte dezente Musik, natürlich keine Ostsachen, sondern »internationale Evergreens«. Kellner in schwarzen Anzügen servierten den Zonis, die einen der begehrten Sitzplätze erhaschen konnten, allerlei Köstlichkeiten. Anschließend bummelte die Familie noch durch die beiden großen Intershops, die es im Haus gab, und durch die Hotellobby. So konnte man mitten in Leipzig ein paar Stunden im Westen zubringen, um anschließend wieder in die DDR zurückzukehren.

»Exquisit« und »Delikat« waren weitere Konsumoasen in der DDR. Um in den 80er Jahren die steigende Nachfrage nach hochwertigeren Produkten wenigstens in Ansätzen abzudecken, wurden in allen größeren Städten Exquisit-Geschäfte eröffnet, wo man für viel DDR-Geld einigermaßen ordentliche Schuhe und Klamotten kaufen konnte. Ähnlich verhielt es sich mit den Delikat-Geschäften für Nahrungs- und Genußmittel. Kam Besuch von drüben, wurde natürlich die Wurst im Delikat gekauft, denn man wollte ja was Ordentliches auftafeln. Im Vergleich zum Intershop waren sie jedoch nicht annähernd so bunt, und darum lohnte sich für mich dort auch kein Schaufensterbummel.

So existierte regelrecht eine Drei-Stufen-Konsumgesellschaft, die man sich ungefähr so vorstellen muß: Da gab es die, die im Intershop einkaufen gingen, weil sie spendable Westverwandtschaft hatten oder nach Feierabend allerlei »Geschäftchen« gegen D-Mark abwickelten. Dann gab es die, die im »Ex« und im »Deli« einkauften, meist höhere SED-Bonzen und Frauen von Autoschlossermeistern. Die Masse der Menschen kaufte in den normalen Kaufhallen ein, im »HO« oder im »Konsum«. Die Grenzen zwischen den Konsumklassen waren hierbei fließend.

Wo ich gerade beim Einkaufen bin: Alle in der DDR wußten, daß eine Menge Waren hergestellt wurden, die in den Export gingen, und zwar ins »Nichtsozialistische Wirtschaftsgebiet«. Produkte, die die DDR-Bürger gerne gekauft hätten, wenn sie denn bis in die eigenen Läden gekommen wären. Halboffizielle Ausrede unseres Staatsbürgerkundelehrers war, daß die DDR ein rohstoffarmes Land sei und viele Devisen für den Import wichtiger Güter brauche. Ostdeutschland fungierte also damals schon für Westdeutschland als Billiglohnland. Zum Beispiel waren die Elektrogeräte der Marke »Privileg« aus dem Quelle-Katalog »Made in GDR«. Ecki, der Sohn unserer Nachbarn, hatte einen Klassenkameraden, dessen Vater für »Privileg« arbeitete. Ein echtes Privileg. Von dem bekamen wir die kleinen »Privileg«-Aufkleber, die normalerweise an Kaffeemaschinen und Kassettenrekordern klebten. Wir brauchten sie, um an Eckis Ostautorennbahn Westwerbung an den Leitplanken zu befestigen, damit es ein bißchen mehr nach Formel 1 aussah.

Wie groß die Ausmaße der Export-Produktion waren, konnte man damals nur erahnen. In den offiziellen

Medien erfuhr man darüber nichts Konkretes. Ein ganz kleiner Teil dieser Produktion landete aber manchmal auch im normalen Handel und, nachdem die Verkäufer alle Bekannten und Verwandten mit den begehrten Artikeln versorgt hatten, sogar in den Schaufenstern. Meine Eltern erwischten zum Beispiel einmal durch Zufall in einem Lampenladen gleich bei uns um die Ecke eine nagelneue schöne weiße Stehlampe für mein Kinderzimmer. Die war von IKEA, und auf einem Aufkleber stand »Made in GDR«. Eine IKEA-Lampe für DDR-Geld! Manchmal frage ich mich, ob die DDR nicht doch ein Land der unbegrenzten Möglichkeiten war.

Haben Sie Werbematerial?

Alle Kinder und Jugendlichen der Stadt interessierten sich für die Leipziger Messe. Das heißt, um ehrlich zu sein, interessierten wir uns eigentlich nur für die dort ausstellenden Westfirmen. Und da wollten wir auch nicht wissen, was die für tolle Maschinen erfunden hatten, sondern wir wollten Werbematerialien. Denn die wurden verschenkt. Westsachen umsonst. Zur Messewoche rannten darum Massen von Schülern nach Schulschluß auf die Messe, um an unzähligen Westständen anzuklopfen und zu fragen: »Haben Sie Werbematerial?« Die etwas frecheren Schüler schwänzten gleich und gingen schon vormittags.

Auf die Messe durfte man aber erst, wenn man 14 Jahre alt war. Sah man als Zwölfjähriger älter aus, war das kein Problem. Man konnte sich einen Messeausweis kaufen und kam gut durch den Einlaß. Was aber sollte mit mir sein, der ich mit zwölf Jahren beim besten Willen einfach noch nicht älter aussah? Es gab noch eine andere Möglichkeit: Das Technische Messegelände war groß, der Zaun drum herum alt und stellenweise aus Holz. Tino, ein messeerfahrener Mitschüler, nahm mich einmal mit. Wir schlüpften in ein Gebüsch an der Richard-Lehmann-Straße, und auf der anderen Seite stiegen wir durch den löchrigen Zaun. Dann ein kurzer Sprint über ein Freigelände, auf dem Güterwaggons ausgestellt waren, und schwups in die nächstbeste Messehalle. Zuerst ein kurzes Abchecken der Stände. Hier waren nur Ostfirmen, also gingen wir sofort in die nächste Halle. Endlich waren wir fündig geworden. Man sah es schon an der Standgestaltung – hier waren wir im Westen. Eine ganze Halle voll Westen. Und in der Nachbarhalle auch. Überall Geschäftsleute und Standhilfen mit dem schönen westdeutschen Dialekt. Es roch ein wenig nach Intershop. Wo man hinschaute, westdeutsche Firmenlogos. Bekannte Namen wie Krupp, Mannesmann, Linde und so weiter. Keiner von uns kannte hingegen »FAG«. Aber die verteilten immer schöne bunte Aufkleber. Eine Firma, die Kopierer präsentierte, rückte manchmal Plaketten mit der Aufschrift »OCÉ« raus. Keiner wußte, was das bedeutete, aber dennoch trugen unzählige Kids in Leipzig diese Buttons an den Jacken.

In der Schule hatten wir von Mitschülern bereits Tipps bekommen, bei welchen Firmen es was zu holen gab. Am wenigsten interessierten uns Werbeprospekte. Die waren zwar schön bunt, aber mit Fachinformationen über Maschinen und technische Anlagen konnten wir absolut nichts anfangen. Hingegen wand sich vorm Stand von Volkswagen eine endlose Schlange, weil hier zur vollen Stunde Autoprospekte ausgeteilt wurden. Wir stellten uns geduldig in die Schlange und erwischten auch einen. Weißes Hochglanzpapier mit roten VW-Autos darauf. Wir grasten weiter alle möglichen Stände ab, und erste Werbebeutel füllten sich mit weiteren Werbebeuteln und bunten Aufklebern. Die begehrten Kugelschreiber packten wir immer gleich in unsere Jackentaschen, falls wir von der Hallenaufsicht angehalten oder Halbstarke uns unsere Schätze abnehmen würden.

Ein Geheimtip war die Firma Winter. Was die genau herstellte, wußte keiner, aber deren Mitarbeiter verteilten Nagelfeilen mit dem Firmenlogo drauf. Die Leute am Stand müssen sich ein bißchen vorgekommen sein wie UNESCO-Helfer in Afrika. Mit was für kleinen Dingen man doch Kinderaugen zum Leuchten bringen konnte! Beim Verteilen von Werbematerialen mußten die Standbetreuer übrigens recht unauffällig agieren. Nicht weil es verboten war, sondern wenn zu viele mitkriegten, daß da gerade was verschenkt wurde, gab es einen Run auf den Stand mit anschließender Belagerung. An normalen Geschäftsbetrieb war dann erst mal nicht mehr zu denken. Viele entnervte Westfirmen hatten darum ihre Stände mit Schildern zugepflastert, auf denen stand: »Kein Werbematerial!!!«

Das absolute Highlight war die westdeutsche Firma LEMO, die eine Maschine aufgebaut hatte, mit der Plastebeutel hergestellt wurden. Dort bildete sich stets eine riesige Schlange, die stundenlang geduldig wartete, bis die Mitarbeiter gönnerhaft die Maschine in Betrieb setzten und frische Beutel verschenkten.

Kurz vor Schluß um 18 Uhr zogen wir nach Hause. Am nächsten Tag in der Schule präsentierten wir unseren Mitschülern unsere Beutestücke, und nachmittags machten wir uns natürlich wieder auf den Weg.

Marco aus meiner Klasse hatte einmal an einem Messestand eine Dose Coca-Cola geschenkt bekommen. Voller Stolz trug er seine Beute in einem ebenfalls geschenkten Werbeplastebeutel durch die Hallen. Kurz darauf hielten ihn zwei Polizisten an und fragten nach seinem Messeausweis. Einen solchen hatte er nicht, weil er noch keine 14 Jahre alt war. Die Cola-

Dose wurde beschlagnahmt, und Marco sollte umgehend das Messegelände verlassen. Die Polizisten verschwanden um die Ecke. Marco sah noch, wie sie seine Cola-Dose öffneten und austranken. Auch Volkspolizisten waren nur Menschen. Sein Vater war übrigens auch einer.

Etwas enger ging es in den Messehäusern der Innenstadt zu. In einem stellten japanische Firmen Kassettenrekorder und Walkmen aus. In der Hoffnung auf einen Prospekt oder Aufkleber harrten Unzählige vor den Ständen aus, so daß man absolut keine Chance hatte, sich die Exponate anzuschauen. Bei den Ständen der Spielzeugfirmen LEGO und Matchbox im Petershof war das genauso. Trotzdem schlich ich dort herum, in der Hoffnung, einen Prospekt abzufassen. Die Verteilzeiten waren ausgehängt, und der Stand war so massiv gebaut, daß er selbst dem Andrang einer größeren Menschenmasse standhielt. Schließlich wollten die Mitarbeiter nicht zerdrückt werden. Diese Kataloge waren wirkliche kleine Schätze, weil man später zu Hause stundenlang darin rumblättern und sich überlegen konnte, was man wohl von all den schönen Spielsachen gerne gehabt hätte.

War die Messewoche um, rannte die halbe Schule mit silbernen Toshiba-Werbebeuteln rum, und an den Aktenkoffern der Neunt- und Zehntkläßler leuchteten neue Aufkleber von L'Oréal oder dem Landeswappen von Nordrhein-Westfalen. Die Jacken waren geschmückt mit Anstecknadeln von Krupp und Mannesmann, und in den Federmappen steckten neue Kulis von IVECO. Einige trugen auch neue Westklamotten, die der Messebesuch mitgebracht hatte. Überall hatte er Spuren hinterlassen, der Westen.

Wirklich gebraucht haben wir die Werbegeschenke natürlich nicht. In der DDR gab es überall Kulis zu kaufen, und auch unsere Sachen mußten wir nicht in Eimern durch die Gegend tragen. Es war eher eine Art Sport, ein Sammelfieber. Denn für kleine Geschenke sind die Menschen immer zu haben, und wenn es nur ein bunter Kugelschreiber ist.

Neue Musik-Wellen

Musik habe ich schon seit meiner frühesten Kindheit oft und gerne gehört. Das ist an sich nichts Besonderes, denn im Kindergarten wird ja bekanntermaßen ständig irgendwas gesungen. Und in der Schule sangen wir natürlich auch, vor allem Volkslieder, Arbeiterkampflieder und Pionierlieder. Zu Hause hörten wir meistens Westradio. Je nach UKW-Empfang Bayern 3, NDR 2 oder RIAS Berlin. Das Kofferradio stand in der Küche und lief quasi den ganzen Tag. Nur zu den Nachrichten stellten meine Eltern den Deutschlandfunk auf Mittelwelle ein. Der Sound war dann ungefähr so, als wenn man Radio über ein altes Telefon hören würde.

In den 70ern saugte ich als Kind alle mögliche Musik aus den Boxen. In Erinnerung sind mir besonders ABBA, die Bee Gees, Marianne Rosenberg und Roland Kaiser. Wenn der Empfang für Westsender zu schlecht war, stellten wir notgedrungen DDR-Radio ein, und so habe ich auch noch einige Ostschlager von Frank Schöbel im Gedächtnis. Um 1980 bohrte sich dann vermehrt englische Popmusik von Blondie und Kim Wilde in mein Ohr. Ein Song hat Anfang der 80er nachhaltig meinen Musikgeschmack geprägt: »Hey Little Girl« von Icehouse. Doch bevor ich mich in den Folgejahren ausgiebig mit ähnlich melancholischer Popmusik beschäftigen sollte, schwappte etwas ganz anderes in mein elfjähriges Leben: die Neue Deutsche Welle. Diese

Musik machte über Nacht aus Kindern Teenager und aus schüchternen Kids wild tanzende Partygänger. Die älteren Teens an unserer Schule fuhren besonders darauf ab, und wir hatten endlich etwas, um den Anschluß an »die Größeren« herzustellen. Die deutschsprachigen schlagerhaften Songs der Neuen Deutschen Welle sprachen einem aus der kindlichen Seele und ließen sich vor allem gut mitsingen: »Ich will Spaß!« Den wollten wir auch. In den nächsten Jahren lief dieser Song von Markus immer wieder bei Schuldiscos, wenn die aufsichtführende Lehrerin mal nicht im Raum war. Besonders Mutige grölten dann laut die Textzeile mit: »Deutschland, Deutschland hörst du mich – heut' nacht komm ich über dich«. Das war deshalb etwas gewagt, weil das Wort »Deutschland« im offiziellen Sprachgebrauch der DDR nicht mehr verwendet wurde. Es gab die BRD und die DDR. Deutschland gab es nicht.

Diese für uns Kids damals unheimlich frische NDW-Musik löste in unseren Köpfen die bunt durcheinandergewürfelten West- und Ostschlager der 70er ab und versetzte gleichzeitig Anfang der 80er der DDR-Rockmusik den Todesstoß. In den 70er Jahren sollen Bands wie City, die Phudys oder Karat in der DDR unter Jugendlichen ja richtig beliebt gewesen sein, aber das konnten wir überhaupt nicht mehr nachvollziehen. Alles, was man heute unter dem Sammelbegriff »Ostrock« zusammenfaßt, war für uns das absolut Uncoolste, was es überhaupt gab. Meine Eltern fanden damals noch Veronika Fischer und einige Songs von Karat toll, aber unsere Generation lehnte das aus Prinzip ab. Warum? Die Musik hielt einfach nicht dem stand, was man aus dem Westradio kannte. Das hörte man schon am Sound der Synthesizer. Außerdem waren die nicht so schick angezogen wie die westlichen Musiker. Die Ostbands waren uns zu brav, ihre Mitglieder konnten keine Vorbilder für uns sein.

Im April 1983 startete im Fernsehprogramm des Bayerischen Rundfunks die wöchentliche Musiksendung »Formel Eins«. Durch Zufall sah ich die erste Sendung und war begeistert. Von nun an hockte ich jeden Montagabend vor unserem winzigen Schwarzweißfernseher und schaute mir die neuesten Musikvideos an. In besonderer Erinnerung ist mir noch das Michael-Jackson-Video zu »Thriller«. Als die Szene kam, wo sich Michael zu einem Zombie verwandelt (ein Vorgeschmack auf sein heutiges Aussehen), habe ich mich wirklich furchtbar erschreckt. Das sofortige Umschalten auf einen DDR-Fernsehsender, wo zur gleichen Zeit eine DDR-Rock-Sendung lief, brachte jedoch keine geistige Entspannung, denn die Musik dort war genauso zum Gruseln.

1985 kam »Beat Street« in die DDR-Kinos, ein Spielfilm aus den USA über eine Hiphop-Clique aus der Bronx mit jeder Menge Musik, die ich bis dahin nicht kannte. Das war der erste Film, den ich mir im Kino ansah, wo es nicht um Piraten oder ähnliches ging. »Beat Street« löste unter DDR-Jugendlichen große Begeisterung aus. Sicherlich hatten die Funktionäre den Film in die DDR-Kinos geholt, um uns zu zeigen, wie arm Jugendliche in den USA dran sind. Der im Film gezeigte New Yorker Stadtteil mit den verfallenen Häusern und dem Frust unter jungen Leuten erinnerte aber irgendwie an die DDR. Breakdance wurde so für viele junge

Zonis mehr als nur ein westlicher Modetrend. Er wurde zu einer Jugendkultur, zu einem Identifikationspunkt fernab der staatlich organisierten Jugendarbeit. Die DDR war auch eine riesige Bronx. Breakdance konnte jeder lernen, der es wollte. Es war damals ein Tanz der Straße für die Straße. Dazu brauchtest du keine FDJ, nur dich selbst. Also einfach rausgehen und nachmachen.

»Formel Eins« war eingebunden in das wöchentliche Jugendprogramm vom Bayerischen Fernsehen, welches »Live aus dem Alabama« hieß. Parallel zum »Beatstreet«-Film im Osten gab es auch im Westen eine Hiphop- und Breakdance-Welle. Ein Typ mit dem unvergeßlichen Namen Eisi Gulp zeigte bei »Live aus dem Alabama« wöchentlich einige Breakdance-Grundbewegungen zum Nachmachen vorm Fernseher. Später zog seine Sendung sogar ins ZDF um. Für Außenstehende wirkte die Sache vielleicht ein wenig wie Fernsehgymnastik, aber mein Klassenkamerad Nauni und ich waren begeistert. Wir räumten in unserem Wohnzimmer die Möbel zur Seite und versuchten nachzumachen, was Eisi uns zeigte.

Unsere wichtigsten Breakdance-Accessoires waren Turnschuhe und weiße Handschuhe. Ersteres hatten wir, aber woher im Osten die weißen Handschuhe bekommen? Der DDR-Bürger weiß sich zu helfen. In den Apotheken gab es für Leute mit Hautekzemen sogenannte Bouclé-Handschuhe, die weiß waren und schön eng anlagen. Die Mütter wurden losgeschickt, welche zu kaufen. Für die besseren Breakdance-Gruppen in Leipzig waren wir jedoch zu jung und zu schlecht. Wenigstens blieben uns die Schuldiscos, wo Nauni und ich ein bißchen mit Breakdance angeben konnten.

Die Neue Deutsche Welle hatte uns Popmusik nahe gebracht, Breakdance und Hiphop die erste Jugendsubkultur. Aber es war vor allem das Jahr 1984, das die entscheidenden Weichen für meinen Musikgeschmack stellte. Samstag vormittags lief auf NDR Radio Niedersachsen eine Hitparade, eine andere abends auf NDR 2. Die dort gespielte Musik wurde zunehmend zum Gesprächsstoff in unserer Schulklasse. Besonders Mitschüler mit älteren Geschwistern brachten aktuelle Chart-Hits ins Gespräch. Ich borgte mir den Mono-Kassettenrekorder meiner Eltern und lief in meinem Zimmer so lange mit dem Gerät rum, bis ich eine Stelle gefunden hatte, wo der UKW-Empfang des Senders einigermaßen rauschfrei war. Eine Flut englischer Popmusik sprudelte nun aus dem Radio in mein Zimmer und auf meine ersten eigenen Kassetten. Von Nik Kershaw, Duran Duran, Bronski Beat, Eurythmics und Frankie Goes To Hollywood – die Liste ließe sich ins Endlose weiterführen. Durch die »Formel Eins«-Sendungen bekamen wir außerdem eine Visualisierung der Musik, die wir nun täglich hörten. Musik wurde mein neuer Lebensinhalt und löste zunehmend Playmobil ab. Mein Teenagerdasein entwickelte sich planmäßig.

Doch all diese uns begeisternden Hitparaden-Popsongs bekamen Anfang 1985 eine Konkurrenz des schlechten Geschmacks, die sich seuchenartig in den Köpfen zahlloser ost- und westdeutscher Teenies einnistete und selbst vor guten Freunden nicht haltmachte: Modern Talking. Es war nicht zu fassen. Eben noch schwärmte die halbe Klasse für die schnuckeligen Boys von Duran Duran oder war in Limahl, George Michael und Boy George verliebt, und dann das. Mein damaliges unangefochtenes Lieblingslied war »Shout« von Tears for Fears, Platz eins in der westdeutschen Hitparade. Doch mit der Edelschnulze »You're My Heart, You're My Soul« fraß sich ein Bad-Taste-Monster an die Spitze der Charts, und ich begann es zu hassen. Merkte denn keiner, daß diese »Band« absolut grottenschlecht war? Das war doch fast schlimmer als Ostrock. Hattet Ihr denn alle keinen Funken Selbstachtung im Leib? Ich hoffte inständig, daß es sich bei Modern Talking wenigstens um eine Eintagsfliege handeln würde. In Anbetracht der schlechten Songs gab es da durchaus Hoffnung. Aber auch die nächsten Singles dieser beiden Typen stürmten die Charts, und ich verstand die Welt nicht mehr. Warum kauften im Westen freiwillig so viele Leute die Musik von Thomas und Dieter? Die hatten doch eine riesige Auswahl an superguten Platten in den Geschäften. Warum immer wieder Modern Talking? Der Alptraum ging weiter. Selbst im DDR-Radio lief einige Zeit später »Cherry, Cherry Lady«. Die Mauer, die uns vor den schädlichen Einflüssen des Westens beschützen sollte, hatte schon damals total versagt.

Ferienlager

Das Ferienlager bildet für viele Ex-DDR-Kinder mit Recht eine der schönsten Erinnerungen an ihre Kindheit beziehungsweise Jugend. Neben Ferienlagern, welche die Pionierorganisation »Ernst Thälmann« in riesigen Anlagen mit Hunderten Kindern direkt organisierte, gab es auch zahlreiche größere und kleinere Betriebsferienlager, wo die Kinder der Mitarbeiterinnen und Mitarbeiter aus den jeweiligen Betrieben hinfuhren.

In Leipzig waren Oper, Schauspielhaus und die Theaterwerkstätten zu den »Leipziger Theatern« zusammengefaßt und hatten ebenfalls ein eigenes Ferienlager. Meine Eltern organisierten mir dort einen Platz. Kostenpunkt für 14 Tage: 20 Mark inklusive Vollverpflegung. Für mich hatten Ferienlagerbesuche auch deshalb so etwas typisch DDR-haftes, weil ich meine Westsüßigkeiten wegen des möglichen Sozialneides zu Hause ließ und mich mit den anderen Kindern 14 Tage von Zetti-Knusperflocken, Vita-Cola und Othello-Keksen ernährte. All diese Sachen waren zwar nicht so süß und bunt verpackt wie meine Westprodukte, gehörten aber einfach zum Ferienlager dazu und waren darum Kult.

Ferienlager bedeutete 14 Tage schönes Wetter auf dem Lande fernab der verpesteten Großstadtluft, 14 Tage Spaß mit netten Leuten, die man gerade erst kennengelernt hatte, 14 Tage mit den Mädels rumflirten und mit ein bißchen Glück auch rumknutschen. Wandern, baden, Tischtennis, Discos. 14 Tage ohne Eltern. Selbst die Jungs aus der kleinen Gruppe der Zehn- bis Elfjährigen schrieben lediglich Postkarten mit Texten wie diesen: »Liebe Oma! Mir geht es gut. Schick mir noch zehn Mark. Tschüs, Dein Kay.«

Das Ferienlager der Leipziger Theater war der alte »Gasthof zur Linde« in Weißbach im Erzgebirge nahe Karl-Marx-Stadt (heute Chemnitz). Die Kneipe hatte während unseres Aufenthaltes für den Rest des Dorfes geschlossen und kochte nur für uns. Zu trinken gab es pausenlos einen undefinierbaren Kräutertee, dessen Geschmack noch heute Zehntausende ehemalige Ferienlagerkinder in der ganzen DDR in Erinnerung haben müßten.

Im ersten Stock befand sich früher der Tanzsaal, den man noch am Parkett und an den Resten der Orchestermuschel erkannte. Hier waren in typischer DDR-Manier Holzwände eingezogen worden, um sechs Gruppenzimmer zu erhalten, natürlich mit Doppelstockbetten. Die Zwischenwände bestanden aus dünnen Preßspanplatten, in die man leicht kleine Löcher reinbohren konnte, um abends Liebesbriefe auszutauschen. Etwa 60 Kinder zwischen neun und 13 Jahren fuhren mit, drei Mädchen- und drei Jungsgruppen. Die Gruppenleiter waren immer Angestellte der Leipziger Theater, beispielsweise Kulissenschieber, Souffleusen oder Kostümschneiderinnen. In dem Raum, von dem alle Zimmer abgingen, standen zwei Tischtennisplatten, die in den ersten Tagen immer unglaublich kommunikationsfördernd waren, besonders wenn man zu zwanzigst »chinesisch« spielte.

Auch Betriebsferienlager waren Pionierferienlager, weil ja mehr oder weniger alle DDR-Kinder Pioniere waren. Klar, daß man da sein Pionierhalstuch mitbringen sollte, für irgendwelche Appelle, wobei ich mich nicht genau erinnern kann, ob wir überhaupt welche abgehalten haben. Dafür wurden die Halstücher am letzten Tag verbotenerweise in einem Anfall von Melancholie und Abschiedsstimmung mit Unterschriften verziert und ausnahmsweise sogar freiwillig getragen, um wenigstens die Autogramme der vielen liebgewordenen Freunde ganz nah bei sich zu haben.

Gerne erinnere ich mich an den Sommer 1985, als ich als 13jähriger schon in der großen Gruppe war. Wir trafen uns früh in Leipzig auf dem Hauptbahnhof und standen zunächst mit unseren Eltern noch etwas verloren rum. Immerhin hatte man so Zeit, die Mädels abzuchecken und nach netten Typen Ausschau zu halten, an die man sich dann hängen konnte. Spätestens im Zug war man befreundet und diskutierte, wer in den Doppelstockbetten oben schlafen dürfe, wer also zur Kategorie Alpha-Männchen gehörte. Ich freundete mich sogleich mit Matthias an, der wie ich auf die Bands Tears for Fears und Depeche Mode stand.

Die ersten Tage machten wir noch Frühsport, weil das zu einem Ferienlager dazugehörte. Als der Erholungseffekt in der malerischen Natur des Erzgebirges einsetzte, hatten unsere beiden Gruppenbetreuer – zwei junge Bühnenhandwerker aus der Oper – dann keine Lust mehr, so zeitig aufzustehen. Sie gingen mit uns nach dem Frühstück wandern oder in die nahe gelegenen Freibäder. Überhaupt waren wir wahnsinnig viel zu Fuß unterwegs. Das hatte den Vorteil, daß, wenn wir mit der gleichaltrigen Mädchengruppe unterwegs waren, natürlich auch entsprechende Kontakte geknüpft werden konnten. Einmal verlor die Mädchengruppe eine Wette (unser Gruppenleiter sprach zwei Stunden lang kein einziges Wort und gewann eine Flasche Sekt). Den guten russischen Sekt tranken wir dann zusammen – was für ein Highlight, denn es war das erste Gläschen Alkohol in unserem Leben.

Das überhaupt allerwichtigste waren die Discos, die alle paar Tage abends stattfanden. Unsere Betreuer waren nämlich nicht nur unsere Aufpasser, sondern auch Kassetten-DJs. Natürlich spielten sie keinen Ostrock, das wäre der Todestoß für uns kleine Tanzmäuschen gewesen. Wir tanzten zu den aktuellen Charthits, via Westradio auf Tapes aufgenommen. Die einschlägigen Radiosendungen waren bekannt, die bayerische Grenze nicht weit und darum der Empfang gut. So war immer neuester Song-Nachschub gewährleistet. Die Discos waren natürlich auch deshalb so wichtig, weil man die vorsichtigen Annäherungsversuche der letzten Wanderungen auf der Tanzfläche intensivieren konnte. Nun mußte man nur noch die eigene Schüchternheit überwinden und seine Auserwählte zum Tanzen auffordern. Bei einer Abfuhr hieß es, sich spontan in eine andere zu verlieben. Die letzten Details wurden dann bei der »langsamen Runde« gegen Ende der Disco geklärt. Da liefen dann solche Nummern wie »The Power of Love« von Frankie Goes To Hollywood oder »True Colours« von Cindy Lauper. Lehnte sie einen langsamen Tanz nicht ab und kuschelte sich auch ein wenig an einen ran, war alles klar. Die Endorphine schossen einem durch den Körper, so daß man später noch stundenlang im

Doppelstockbett wach lag und mit den Kumpels über die Mädels sprach. Zuvor hatte man sich noch vor den Toiletten zum Gutenachtküßchen getroffen – wie romantisch. Dieses neue Gefühl von Verliebtheit war irgendwie viel cooler als Fußballspielen oder im Wald Buden bauen. Händchenhaltend wurden dann die nächsten Ausflüge zu einem unvergeßlichen Erlebnis. Nun mußte man nur noch seine Reifeprüfung bei den sagenumwobenen Zungenküssen bestehen.

Im Sommer 1985 war es mit den Mädels etwas kompliziert. Mein Ferienlagerkumpel Matthias, mit dem ich drei Jahre später zusammen in die Lehre gehen sollte, interessierte sich wie ich für die von uns intern gekürte »Ferienlagerschönste«. Sie hieß Silvia und sah wirklich toll aus. Sie hätte mühelos in jede BRAVO-Foto-Love-Story gepaßt. Ganz auf der Höhe der damaligen Zeit trug sie konsequent nur Klamotten in Pastelltönen, in Hellblau und Zartrosa. Matthias war mein Kumpel, aber wenn ich Silvia sah, wurden Emotionen in mir geweckt, die ich bis dato nur ansatzweise kannte. Ich mußte ihnen nachgeben, denn ich fühlte mich in ihrer Nähe wundervoll. Anstandshalber wartete ich einige Tage mit meinen Annäherungsversuchen, bis Matthias merkte, daß er wohl nicht so gut bei Silvia ankam. Das war für ihn kein Problem, es gab ja noch andere schöne Mädels. Aber nun konnte ich zur Offensive übergehen. »Schäkern« nannte man das. Alles lief nach Plan, und nach der nächsten Disco waren wir ein Paar. Damals war das verblüffend einfach. Wenn ich da an die Verrenkungen denke, die ich Jahre später unternahm …

Am Ende des Ferienlagers hielten wir einen Nachmittag lang offenes Gericht über unsere Erzieher. Es gab

Richter, Staatsanwalt und Verteidiger, alle Rollen wurden von uns Kindern gespielt. Der Rest der Kids saß im Publikum, und wir zitierten die einzelnen Erwachsenen auf die Anklagebank. Von Rechtsstaatlichkeit konnte hierbei aber nur bedingt gesprochen werden, weil es für die Beschuldigten keine Berufungsmöglichkeit gab. Wen wundert's, denn die DDR war ja auch kein echter Rechtsstaat, nicht mal ein echter Linksstaat. Die Erzieher ließen alles tapfer über sich ergehen. Man machte sich in der Anklage meistens über verschiedene Ticks der Erwachsenen lustig. Da wurde schon mal jemand zum ausgiebigen Streuselkuchenessen verurteilt, weil es in der ganzen Zeit immer nur Streuselkuchen zum Vesper gab.

Wieder zu Hause angekommen, verebbten die Kontakte leider recht schnell, obwohl man in der gleichen Stadt wohnte. Es gelang irgendwie nicht, diese verschworene Gemeinschaft aus dem Ferienlager im normalen Großstadtleben aufrechtzuerhalten. Mit der Ferienlagerliebe war das ebenso. Immerhin kam man noch zu einigen wunderschönen Liebesbriefen mit gemalten Herzchen.

Als ich diesmal wieder nach Leipzig zurückkehrte, merkte ich, daß meine Kindheit nun irgendwie endgültig vorbei war. Das hatte nicht nur was mit Silvias Küssen zu tun. Ende des Sommers kam ich in die 8. Klasse. Da ging es in Biologie um Aufklärung, und im neuen Bio-Buch waren Fotos von Eizellen und Spermien abgebildet. Ich säuberte mein Kinderzimmer von den Resten meiner Kindheit.

Meine Eltern hatten die Zeit ohne mich optimal ausgenutzt und waren nach Budapest geflogen, eine osteuropäische Großstadt, in der alles schon ziemlich westlich zuging. Sie brachten mir ein Wahnsinnsgeschenk mit, das mich in einen exklusiven Kreis aufsteigen ließ: ein Autogramm von Martin Gore, dem Keyboarder und Songschreiber von Depeche Mode, meiner Lieblingsband. Depeche Mode gaben ihr erstes Konzert in Ungarn, und Martin Gore saß zufällig im selben Straßencafé wie meine Eltern. Ein Originalautogramm von Martin! Ich hatte jetzt eine Mission, das Schicksal hatte es so entschieden. Diese Mission hieß Depeche Mode. Meine Kindheit war in der Tat endgültig vorbei. Was jetzt kam, konnte nur noch aufregender werden.

BRAVO-Poster

BRAVO-Magazine waren, wie so ziemlich alle Kinder-, Jugend- und Erwachsenenzeitschriften aus der BRD, für die DDR-Offiziellen »imperialistische Schund- und Schmutz-Literatur« und damit verboten. Besonders an der Grenze beziehungsweise bei der Post versuchte man die Einfuhr solcher westlichen Zeitschriften zu verhindern. Dennoch gab es sie in der DDR zuhauf. BRAVO-Poster wurden an Schulen zu Höchstpreisen gehandelt. Es gab regelrecht feste Preisgruppen: Eine Poster-Doppelseite 20 Ostmark, eine einfache Seite zehn Mark. Die A2-Poster bis zu 40 Mark und eine ganze BRAVO um die 100 Mark. Dazu muß man wissen, daß eine BRAVO im Westen damals 1,80 DM kostete und ein Lehrling im Osten 120 Mark pro Monat bekam, ein Schüler verfügte über maximal 20 Mark Taschengeld im Monat. Das Geld für die Poster war trotzdem immer da.

Die BRAVOs brachte meist Besuch von drüben mit. Doch da die eifrigen Beamten an den Grenzübergangsstellen oftmals das Gepäck filzten, hieß es, erfinderisch sein. Meine Mutter beispielsweise durfte einmal im Jahr zum Geburtstag meiner Großmutter in den Westen fahren. Auf der Zugrückfahrt ging sie kurz vor der Grenze aufs Klo und versteckte in ihren hohen Schaftstiefeln je eine BRAVO und ein Popcorn-Magazin. Eine weitere BRAVO verschwand unterm Pullover und wurde um den Bauch gelegt. Letztere war dann immer vom Angstschweiß bei der Paßkontrolle etwas wellig, was jedoch der ideellen Bedeutung des Heftes keinerlei Abbruch tat.

Da die in die DDR eingeschmuggelten BRAVOs bei weitem nicht die Nachfrage deckten, entwickelte sich ein neuer Handwerkszweig unter Schülern und Lehrlingen: das Abfotografieren von BRAVO-Seiten. Hierbei gab es wieder feste Preise: ein Foto in Ausweisgröße brachte eine Mark, A5 bis zu fünf Mark. Die ganze Sache nahm solche Ausmaße an, daß auf der Leipziger Kleinmesse diese Fotos als Preise an den Schießbuden angeboten wurden. Ich selbst hatte mir mal ein A7-Foto von Kim Wilde geschossen. Da ich ein schlechter Schütze war, verballerte ich Munition für fünf Mark.

Mit meinen BRAVO-Postern hatte ich andere Pläne, als in den Verkauf einzusteigen: Ich tauschte sie gegen Poster meiner Lieblingsband Depeche Mode. Da ich wie alle anderen Zonis nicht die Möglichkeit hatte, jede Woche eine BRAVO zu bekommen, sondern nur von Zeit zu Zeit, mußten alle Kontakte in der Schule und im Bekanntenkreis beansprucht werden, um die fehlenden Poster zu organisieren. Ich war ein Depeche-Mode-Poster-Maniac, und das lief etwa so ab: Irgend jemand in der Schule kannte jemanden, der ein Poster besaß, das ich noch nicht hatte. Schnell war der Kontakt hergestellt. »Was sammelst du? Duran Duran? The Cure? Rick Astley? Ich biete dir das und das Poster.« Was für ein Geschacher und welche Freude! Das war fast Nachkriegs-Schwarzmarktatmosphäre, und wieder würde ein fehlendes Stück das Puzzle meiner Sammlung ergänzen. Daß man die Musik vielleicht auch hätte sammeln können, war damals noch nicht so wichtig. Poster! Poster! Poster! Mein Zimmer maß 20 Quadratmeter bei 3,50

Meter hohen Wänden. Da war Platz. Erst wurde eine Wand behängt, dann die zweite, dann der Platz zwischen den Fenstern. Innerhalb von zwei Jahren schmückten 80 Poster von Depeche Mode meine Wände. 80 Poster aus BRAVO-, Popcorn- und Pop-Rocky-Magazinen – kein abfotografierter Scheiß! Ich schwöre! Ich war der Depeche-Mode-Poster-King der Südvorstadt, vielleicht sogar von ganz Leipzig. Niemand im Kiez zweifelte daran, daß ich ein echter Depeche-Mode-Fan war. Ich war einer, schließlich hatte ich das Unmögliche möglich gemacht: Ich hatte die da drüben überholt, ohne sie einzuholen müssen! Ich hatte mehr Poster an der Wand als viele Depeche-Mode-Fans im Westen. Wieviel Platz mochten die in ihren kleinen Zimmern in den Vorstadtreihenhäusern haben, zwölf Quadratmeter mit Dachschräge? Die Mittagssonne erhellte meine 20 Quadratmeter, ausgestattet mit Holzdielen und Stuck. Wer von da drüben wollte es mit meiner Postersammlung aufnehmen?

Haben es Dir Deine Eltern erlaubt, daß Du Dir eine Dave-Gahan-Frisur schneiden läßt? Mit abrasierten Seiten, drei Millimeter Haarlänge? Meine Eltern haben sogar den Friseur bezahlt, und Deine? Wie gerne wärst Du ganz in Schwarz rumgerannt, wie Deine Stars auf den Postern, aber Deine Eltern in einem katholischen Kaff hätten Dich eher in ein Kinderheim gesteckt, als Dir so was zu erlauben. Pech für Dich, meine Eltern waren keine CSU-Wähler, sondern Individualisten, ich mußte sie nicht im Griff haben und ihnen heimlich Geld klauen. Sie ließen mich einfach mein Ding machen.

Praktische Arbeit

In der 7. Klasse bekamen wir ein neues Unterrichtsfach: »Praktische Arbeit« – kurz PA. Das Konzept von PA war, die Schüler der DDR 14tägig für einige Stunden richtig echt arbeiten zu lassen. Dafür gab es in den Betrieben extra Lehrbeauftragte, die uns Teens einen Hauch von Berufsleben vermitteln sollten.

Wir in unserer Klasse waren sehr gespannt, was da auf uns zukommen würde. Uns wurde gesagt, wir kämen in einen Betrieb, wo Wäschetrockner hergestellt wurden. Wäschetrockner hatte ich mal im Otto-Katalog unserer Nachbarn gesehen. Das waren solche Teile, die wie Waschmaschinen aussahen, wo aber die Wäsche nicht gewaschen, sondern getrocknet wurde, daher auch der Name. Ich dachte mir, daß dies einer der zahlreichen Betriebe der DDR sei, die für den Westexport hochwertige Konsumgüter herstellten. Möglicherweise fertigten wir dann dort fast echte Westwaren.

Der Betrieb lag in der Ostvorstadt, nahe dem Hauptbahnhof. Er war nicht sehr groß und bestand aus einer Anzahl einstöckiger, grauer Werkstattgebäude, die sich um einen kleinen gepflasterten Hof gruppierten. Als wir vor dem Tor warteten, fragte ich mich, ob es sich hier wirklich um eine Produktionsstätte für westliche Konsumgüter handelte. Erste Zweifel kamen in mir auf. Man brachte uns in den Umkleideraum. Dort zogen wir uns unsere nagelneuen dunkelblauen PA-Latzhosen an, die uns unsere Muttis gekauft hatten. Dann endlich kam unser Lehrmeister, begrüßte uns und stellte uns sogleich das Produkt vor, welches wir nun hier anfertigen würden: den Wäschetrockner. Meine Euphorie verflog bei dessen Anblick schlagartig. Hier handelte es sich nicht um ein hochwertiges Erzeugnis, vollgepackt mit Elektrotechnik, sondern um ein Scherengitter zum An-die-Wand-Schrauben, an dessen blaugummierten Stangen man Wäsche aufhängen, also trocknen konnte. Eben schwebte ich noch über den Haushaltelektronik-Seiten des Otto-Kataloges, nun war ich wieder in der DDR gelandet.

Dann ging es in die Produktion. Wir stanzten, nieteten, feilten und schraubten mit Hilfe von Maschinen, an denen schon unsere Großväter gearbeitet haben müssen. Besonders toll waren die Haarnetze, die man an den Bohrmaschinen aus Arbeitsschutzgründen tragen mußte. Die kannten wir schon aus dem Werkunterricht der früheren Schuljahre, aber hier waren sie noch häßlicher.

Nach ein paar Monaten kamen wir in einen anderen PA-Betrieb und lernten eine Lehrwerkstatt im Stadtteil Lindenau kennen. Schon die Fahrt mit dem Linienbus dahin dauerte eine Ewigkeit. Vorsorglich hegte ich keine großen Hoffnungen. Der Betrieb in einer abgelegenen Seitenstraße bestand aus einem kleinen zweistöckigen Haus und einer langgestreckten Baracke. Wir wurden in mehrere Gruppen aufgeteilt. Eine wurde in eine Schlosserei entsandt und feilte und bohrte die ganze Zeit irgend etwas, das mir nicht in Erinnerung geblieben ist. Eine andere Truppe stellte Verbindungskabel für einen elektrischen Schnellkochtopf her, der jedoch genausowenig für den Export bestimmt war.

Geradezu interessant war dagegen die Bauabteilung. Da rissen wir Zwischenwände eines alten Holzschuppens auf dem Werksgelände ab und zogen unter Anleitung unseres »Meisters« eine Ziegelmauer hoch. So richtig mit Kelle und Schaufel, Wasserwaage und Lot. Vorher noch Sand sieben und Zement mischen. Das war recht kurzweilig, und ich kann es heute noch, wenn auch nicht so ordentlich wie gelernte Maurer.

Um die Arbeit noch authentischer zu gestalten, sprachen wir das unter den Arbeitern übliche Proleten-Sächsisch und gaben uns außerdem Namen wie »Lothar«, »Günter« und »Horschte«. Besonders schön war, daß sich unser Lehrmeister ständig verpißte, wir darum oft Pause machen konnten und so tatsächlich sehr realistisch in die Sozialistische Produktion eingeführt wurden.

Den theoretischen Unterbau zur Praktischen Arbeit im Fach »Einführung in die Sozialistische Produktion«, kurz ESP, bekamen wir ebenfalls 14tägig für vier Stunden. Von diesem Unterrichtsfach ist mir absolut nichts im Gedächtnis geblieben. Ich weiß nur, daß es das langweiligste war, was ich neben dem Russischunterricht in meiner Schulzeit ertragen mußte. Dementsprechend verhaßt waren die ESP-Lehrer, dementsprechend haßten die ESP-Lehrer ihre Schüler. Reden wir lieber von was Schönerem.

Rüstzeiten

Die Teilnahme am Kinderferienlager war, wie der Name schon erahnen läßt, Kindern vorbehalten. Das waren wir mit 14 Jahren nun nicht mehr. Unser achtes Schuljahr begann, und wir wurden, ob nun mit oder ohne Jugendweihe, endlich offiziell Jugendliche. Das kam uns allen natürlich sehr gelegen, denn wir stecktenja mitten in der Pubertät. Dennoch bedauerte ich es sehr, nun nicht mehr ins Ferienlager fahren zu können, zumal gerade die Zeit im Kinderferienlager so unglaublich nützlich auf dem Weg vom Kind zum Jugendlichen war.

Glücklicherweise bot sich für mich eine interessante Alternative: »Rüstzeiten«. Rüstzeiten waren das kirchliche Pendant zum Pionierferienlager. Seit einigen Jahren besuchte ich auf Wunsch meiner Eltern die Christenlehre der evangelisch-methodistischen Kirche, einer kleinen freikirchlichen Gemeinde nicht weit vom Stadtzentrum entfernt in der Paul-Gruner-Straße. Dort wurde ich im Frühsommer 1986 konfirmiert, zusammen mit zwei langjährigen Freunden, den Götzens-Zwillingen. Markus und Daniel waren Pfarrerssöhne, und wir kannten uns schon ewig durch unsere befreundeten Väter. Die Jungs waren eineiige Zwillinge, und ich hatte Jahre gebraucht, bis ich sicher wußte, wer von beiden wer war.

Wer noch nie etwas von den Methodisten gehört hat: Die methodistische Kirche ist in den USA die zweitstärkste Konfession, in der DDR war sie jedoch eher eine Splittergruppe innerhalb der Kirchenlandschaft. Glücklicherweise gab es in Westdeutschland einige methodistische Gemeinden, die ihre Glaubensbrüder und -schwestern im Osten unterstützten. Eines dieser Projekte inoffizieller deutsch-deutscher Zusammenarbeit war das Ferienheim »Schwarzenshof« in der Nähe von Rudolstadt in Thüringen. Das Haus lag direkt am Waldrand auf einem kleinen Hügel und war mindestens so romantisch gelegen wie mein altes Ferienlager in Weißbach. Aus dem Fenster hatte man einen herrlichen Blick ins Tal – und keine 300 Meter entfernt befand sich ein Truppenübungsplatz der Roten Armee, wo immer mal ein paar Panzer den Boden umpflügten.

Im Sommer 1986 waren wir zur Rüstzeit eine relativ überschaubare Gruppe Jugendlicher aus den Jungen Gemeinden der methodistischen Kirche, nicht mehr als 30 Teens vor allem aus dem Süden der DDR. Das hörte man schon am urigen erzgebirgischen Dialekt. Die Leute aus den Jungen Gemeinden sind noch mal eine Welt für sich. Ich kannte ja schon einige aus Leipzig, aber in den ländlicheren Gegenden war der Hippie-Geist – wenn man mal von freier Liebe und Drogen absah – noch weit verbreitet. »Peacer« wurden solche Leute im allgemeinen liebevoll genannt. Von den Jugendsubkulturen der 80er Jahre hatten die noch nichts gehört. Die Zwillinge und ich waren fast die einzigen, die sich für Popmusik, Depeche Mode und BRAVO-Magazine interessierten. Die anderen standen auf Herbert Grönemeyer, auf Herbert Grönemeyer und einige andere noch auf Herbert Grönemeyer. Jemand hatte dessen gerade aktuelle Platte »Sprünge« mitgebracht, welche dann Dutzende Male auf der von einer westdeutschen Partnergemeinde gestifteten SABA-Hi-Fi-Anlage überspielt wurde. Nur ab und an konnten die Götzens und ich mal eines unserer mitgebrachten Tapes einlegen, stießen aber mit Billy Idol und Frankie Goes To Hollywood nur auf verständnislose Minen. Trotzdem fanden wir uns alle sympathisch, und es kam auch zu keinen Massenschlägereien am SABA-Kassettendeck.

»Schwarzenshof« war für mich eines dieser zahlreichen exterritorialen Gebiete. Beim Eintritt in das Haus fühlte man sich nicht mehr in der DDR, und das nicht nur wegen des christlichen Hintergrundes. Es lag auch an den zahlreichen Sachspenden westdeutscher Kirchgemeinden, vor allem an schicken Türklinken, Duscharmaturen und anderen Dingen, an denen in der DDR absoluter Mangel herrschte.

Anders im Betriebsferienlager, wo wir den ganzen Tag spielten oder wanderten, boten Rüstzeiten vor allem geistige Erbauung. So beschäftigten wir uns vormittags meistens mit einer Textstelle aus der Bibel, was sich trotz anfänglicher Vorbehalte meinerseits als wirklich interessant entpuppte. Man darf sich das jetzt nicht trocken wie ein Seminar in der Uni vorstellen, sondern wir machten da schöne, kreative Sachen, führten kleine Theaterstücke auf, malten Bilder, dachten uns Geschichten aus. Alles war relativ offen und zwanglos und nicht DDR-typisch durchorganisiert. Der die Rüstzeit leitende Pfarrer Frieder Badstübner, ein freundlicher und geduldiger Typ um die Vierzig mit langen Haaren, begann die Vorstellung des Tagesplanes immer mit: »Ich möchte euch einladen.« Das fand ich sehr nett, und wir folgten seinen Einladungen somit gern. Und natürlich blieben in der Freizeit auch die Ferienlager-typischen Liebeleien nicht aus, was die Zeit noch spannender machte. Nach 14 Tagen »Schwarzenshof« waren wir jedenfalls wieder einigermaßen »gerüstet«, um in den DDR-Alltag zurückzukehren. Nur die Herbert-Grönemeyer-Songs blieben einem lästig lange in den Ohren kleben.

Kassettenrekorder

In den Kinderzimmern herrschte Stille, seitdem wir nicht mehr lautstark mit Winnetou durch die Prärie ritten und Banditen jagten. Diese Stille war so bedrükkend, das etwas Neues hermußte. Etwas, das von nun an dein dich unterhaltender treuer Begleiter sein würde, mit dir Liebesbriefe immer und immer wieder lesen, die ersten vorsichtigen Erkundungen unter dem T-Shirt deiner Freundin begleiten und einige Zeit später die schweren, düsteren Stunden des Liebeskummers mit dir durchstehen würde. Etwas, das dir alle Fragen des Lebens innerhalb von dreieinhalb Minuten beantworten konnte. Unsere Eltern lasen noch Bücher, um in die Weisheiten des Lebens einzutauchen. Wir brauchten dafür nur einen Kassettenrekorder.

Wer Glück hatte, konnte den seiner älteren Geschwister mitbenutzen, um sich erste Tapes mit seinen Lieblingsliedern zu überspielen. Wer Pech hatte, mußte sich seinen mit den jüngeren Geschwistern teilen. Mit einem Rekorder konnte man sich seine Lieblingslieder endlich pausenlos anhören und mußte nicht stundenlang vor dem Radio sitzen, in der Hoffnung, daß seine Favoriten gespielt würden. Außerdem waren nun ausgiebige Textstudien der englischsprachigen Songs möglich. Nicht etwa, um den Sinn zu verstehen, sondern um textsicher mitsingen zu können. Das war auf Schuldiscos enorm wichtig, wenn man zeigen wollte, daß man Bescheid wußte und ein echter Fan war.

Zunächst spielte es keine Rolle, ob man einen Rekorder von drüben oder von hier hatte. Das wichtigste war, daß man überhaupt einen hatte. Denn wenn man keine Hitparaden im Westradio mithörte, konnte man in der Schule nicht mitreden. Das zweitwichtigste war, daß es ein Stereokassettenrekorder war. Stereo war wichtig. Ganz wichtig, denn Stereo klang viel cooler.

Nach Schulschluß traf man sich nun nicht mehr, um Cowboys und Indianer zu spielen, sondern man überspielte Musik. Dazu schnappte man sich seinen Rekorder und ging zu seinen Kumpels. Das Überspielkabel wurde angeschlossen, und so konnte man sich all die Lieder besorgen, die man bei den Radio-Hitparaden verpaßt hatte. Das konnte vorkommen, wenn man mit den Eltern das Wochenende im Garten verbringen mußte oder der Radioempfang gestört wurde, weil jemand im Haus mit einer nicht entstörten Bohrmaschine die Aufnahme versaut hatte.

Die meisten von uns bekamen ihren ersten Kassettenrekorder 1986 zur Jugendweihe. Da schmiß die Verwandtschaft immer mit Geld um sich. Geld brauchte man in der DDR für einen Rekorder reichlich, denn die waren furchtbar teuer – wenn auch optisch nicht sehr auf der Höhe der Zeit. Besser waren die dran, die sich eine der trendigeren Kisten von der Westverwandtschaft im Intershop kaufen ließen. An der Jugendweihe unserer Klasse nahm ich zwar auch teil – ich wollte schließlich die Statistik und meine Lehrer nicht enttäuschen –, den Geld- und Geschenkeregen hob ich mir hingegen noch ein paar Wochen für meine Konfirmation auf. Dafür hatte sich das Warten dann aber auch gelohnt. Ich bekam einen nagelneuen Sharp-Stereoradiorekorder geschenkt! Länglich, schwarz, eckig und mit vielen silbernen Tasten. Freunde meiner Eltern aus der Schweiz hatten das Teil geschickt. Das definitiv wichtigste Geschenk, das ich in meiner DDR-Zeit bekommen habe. Und der absolute Oberhammer war:

DOPPELKASSETTENDECK! Meine Eintrittskarte in den Olymp des Teenagerdaseins. Die Ausrüstung war komplett.

Etwa zeitgleich hatten wir uns alle ein oder zwei Lieblingsbands ausgesucht. Lieblingsbands waren von nun an das Wichtigste überhaupt, denn nur so konnte man neue Freunde finden oder Leute mit dem falschen Musikgeschmack kurzerhand meiden, weil man sich nichts mehr zu sagen hatte. Andere definierten ihr Dasein über Fußballvereine, wir über Bands. Nauni und ich hatten uns bereits Ende 1984 für Depeche Mode entschieden. Natürlich, weil uns die Songs gut gefielen und wir außerdem via Video-Clips aus dem Westfernsehen gleich eine komplette Outfit- und Tanzanleitung mitbekamen. Thümi war zunächst am Deutschrock hängengeblieben, er stand auf Herbert Grönemeyer und schließlich auch auf Nena, bis wir uns einige Zeit später über The Cure und Punkrock wieder prima verstanden. Rüdi entschied sich aus dem umfangreichen Angebot für Erasure, also auch Synthie-Pop, ähnlich wie Depeche Mode.

Nachdem nun alle mit Lieblingsbands versorgt waren, brauchte man natürlich deren LPs, denn einzelne Songs aus dem Radio reichten nicht mehr. Doch da fingen die Probleme an. In der DDR gab es keine Platten von Weststars zu kaufen, maximal einige wenige im Intershop, aber das dortige Angebot stimmte nicht mit unseren Hitlisten überein. Die paar bei uns hergestellten Lizenzplatten westlicher Stars waren nicht nach unserem Geschmack, sie hinkten mehrere Jahre hinterher. Wer konnte, wünschte sich von seinen Westomis Schallplatten. Das brachte diese wiederum ins Schwitzen. Versucht mal, der älteren Verwandtschaft zu erklären, was man sich für Platten wünscht und wie man diese neumodischen Bands ausspricht. »Udo Jürgens« wäre kein Problem gewesen, aber »Eurythmics« war um einiges komplizierter.

Hatte man die Original-Platte einer angesagten Band bekommen, stieg schlagartig die eigene Popularität in der gesamten Schule quer durch alle Klassenstufen. Neue Platten in Privatbesitz sprachen sich schnell rum. Auf dem Schulhof wurde man dann von den ganz Coolen aus der 10. Klasse angesprochen, weil diese höflich fragten, ob sie sich von dir die LP überspielen dürften. Bislang hatten diese Leute standesgemäß die Jüngeren immer ignoriert, aber nun lernte man als Jüngerer »wichtige« Leute kennen. Die Rekorder liefen heiß, und mit einigen wenigen Original-LPs wurden so ganze Stadtviertel mit neuer Musik versorgt. Die Eltern hatten meist einen Plattenspieler, deshalb brauchte man nur wieder das unverzichtbare Überspielkabel, um diese Scheiben auf Kassette zu bekommen.

Es entwickelte sich ein reger Tauschverkehr mit Musik, auch mit Aufnahmen bereits überspielter Platten. Wichtig war es hierbei, Leute zu kennen, die sich ihre Sachen direkt von den Original-LPs überspielen konnten. Erwischte man die fünfte Überspielung von Tape zu Tape, hatte man nur noch Rauschen auf der eigenen Kassette.

Bei diesen Tauschgeschäften gab es aber auch eine kleine Avantgarde, die mit den Aufnahmen eher unbekannter westlicher Independent-Bands geizte. Man wollte diesen schwer erkämpften Schatz nicht rausschmeißen wie Konfetti. Je unbekannter die Band war, desto ideell wertvoller die Aufnahme. Wurde man vom Gralshüter als »nicht Fan genug« eingestuft, gab es diese Aufnahme nicht. Punkt. Anders sah die Sache aus, wenn man ebenfalls seltene Aufnahmen besaß, die der Gralshüter wiederum brauchte. Dann standen einem die Tore offen.

Wer nicht über die nötigen Kontakte verfügte, für den gab es als Trostpflaster im DDR-Radio die Sendung »Duett. Musik für den Recorder«. Hier liefen wöchentlich komplette Alben über den Äther, zum Teil auch von einigermaßen angesagten Westbands.

So kam man im großen und ganzen an jede Platte ran, die man suchte, wenn auch manchmal mit zeitlicher Verzögerung. Irgend jemand kannte immer irgend jemanden, der einem die begehrten Aufnahmen besorgen konnte. Womit wir beim nächsten Problem wären: das Aufnahmemedium Kassette. Es gab zwar in der DDR Kassetten zu kaufen, aber sie waren schweineteuer, und es gab nur welche mit 60 Minuten Spiellänge. Eine LP hatte aber in der Regel knapp 45 Minuten. Eine LP auf eine 60er Kassette zu überspielen war Bandverschwendung. Auf eine 90er paßten hingegen prima zwei Langspielplatten drauf. Diese Kassetten gab es aber nur im Intershop oder von der Westverwandtschaft. Statt Playmobil und Matchbox-Autos wünschte ich mir darum nun 90er Kassetten. Das war außerdem einfacher und billiger für die Westverwandtschaft, als schwer aussprechliche Schallplatten zu besorgen.

Meinen Sharp-Kassettenrekorder habe ich übrigens noch heute. Er hat einen würdigen Alterssitz auf dem Küchenschrank gefunden, und trotz unzähliger Blessuren spielt er noch immer Musik. Er und ich – wir waren ein Spitzenteam.

New Wave

Musik hörten wir ja bereits seit Ewigkeiten, aber 1986 kamen wir nun mit unseren 14 beziehungsweise 15 Jahren in das Alter, wo man seine Vorlieben für Musik und Jugendkultur auch in Form von Äußerlichkeiten wie Frisur und Klamotten offen zur Schau stellen wollte. Hierbei konnten wir uns an einem beachtlichen Angebot an westlichen Vorbildern orientieren. Die Auswahl fiel uns nicht schwer. Die langhaarigen Blues-Fans und Hippies waren für uns Relikte aus den 70ern, einem Jahrzehnt, welches für uns, kulturell gesehen, nichts Interessantes zu bieten hatte. Schwer angesagt war bei den ganz harten Jungs immer noch Heavy Metal, doch dafür waren wir zu brav. Metaller waren Prolls, meist besoffen, die sich gern prügelten, und außerdem gefiel mir weder ihr Outfit noch ihre Musik. Punks fanden wir schon cool, aber so wild wollten wir nun auch nicht rumlaufen. Außerdem waren wir ja schon irgendwie immer Popper und das nicht erst, seit wir mit Hawaiihemd und dünnem Lederschlips zu unserer Jugendweihe aufgetaucht waren.

Nachdem wir die Jahre zuvor auf den Schul- und Ferienlagerdiscos noch zu Hitparaden-Popsongs Breakdance getanzt hatten, waren wir nun, bedingt durch unsere Lieblingsbands, auf dem New-Wave-Trip. New Wave gab es zu diesem Zeitpunkt schon über sechs Jahre, und es war eigentlich alles andere als »new«. Aber wir waren nun mal erst jetzt in dem passenden Alter für eine Jugendsubkultur, außerdem hatte uns die BRAVO in letzter Zeit mit den kommerziell erfolgreichsten New-Wave-Bands bekannt gemacht, und deren Outfit fanden wir cool. Nauni und ich zogen uns schwarz an und ließen uns Dave-Gahan-Bürstenhaarschnitte machen, und auch Thümi und Rüdi trugen von nun an hauptsächlich schwarze Klamotten. Das Fehlen von entsprechenden Szenegeschäften mit der nötigen Bekleidung konnten wir einigermaßen kompensieren: Man räumte seinen Klamottenschrank aus und brachte den Inhalt zur Färberei. »Alles in Schwarz bitte.«

Dunkle knielange Wintermäntel aus den 60er Jahren kamen bei uns in Mode und waren in dem Kleiderschrank jedes Großvaters zu finden. Die altmodischen Lederjacken der eigenen Väter im 70er-Jahre-Schnitt wurden von geduldigen Müttern auf deren Nähmaschinen umgeschneidert – oder man schnitt selbst einfach alles unterhalb der Hüfte ab. Plötzlich war es nicht mehr ganz so wichtig, daß man Klamotten aus dem Westen hatte. Hauptsache, die Teile waren schwarz und ähnelten irgendwie den Klamotten der Lieblingsbands auf den Postern.

Fehlten nur noch die Schuhe. Im Westen trug man Doc-Martens-Schnürstiefel oder Schuhe mit Schnallen und einer schicken Spitze vorne dran. Aber auch dafür fanden wir in der DDR »Ersatz«. Für keine 30 Mark konnte man in jedem größeren Schuhgeschäft robuste schwarze Arbeitsschutzschuhe kaufen, mit Profilsohle, in der Sechs-Loch- oder in der Zehn-Loch-Variante, wie bei Doc Martens. Natürlich sahen sie nicht wirklich so schick aus wie die englischen Originale, aber sie machten uns einigermaßen glücklich und sorgten bei der arbeitenden Bevölkerung für einiges Aufsehen, weil kein Proletarier verstehen konnte, wieso man in seiner Freizeit Arbeitsschuhe tragen konnte und diese auch noch auf Hochglanz poliert hatte.

New Wave war für uns damals die elitär-melancholische Weiterentwicklung unseres bisherigen Popperdaseins. Wir separierten uns aber gleichzeitig entschieden von den düster-traurigen »Gruftis«, die noch schwärzer angezogen und geschminkt waren und noch deprimierter schauten als wir. In einer Disco sagte mal ein 14jähriger zu mir: »Ich bin Grufti, und deshalb lache ich nie.« Das fand ich lächerlich. Es gab für uns trotz fortgeschrittener Pubertät immer etwas, worüber wir lachen konnten, schließlich lebten wir in der DDR. »Über Kuba lacht die Sonne – über die DDR lacht die ganze Welt«, hieß es hierzu im Volksmund. Außerdem erschienen uns nächtliche Besuche von Friedhöfen und das Zelebrieren vermeintlich okkulter Rituale nicht attraktiv. Das war uns zu kraß. Und mit dem Satanskult, den einige Gruftis als Ersatzreligion für sich annahmen, hatte ich aufgrund meiner christlichen Sozialisation sowieso entschiedene Probleme. Gruftis waren außerdem viel zu destruktiv, vor allem gegenüber sich selbst. Man erzählte sich, daß sie Spee-Cola tranken, also Waschpulver und Cola gemixt. Das klang überhaupt nicht lecker. Und die ganz Verzweifelten schnüffelten den berühmten DDR-Fleckentferner »Nuth«, den man für 50 Pfennige die Flasche in Drogerien bekam. Das Zeug haute so rein, daß man beim »Nuthen« nach wenigen Minuten Hubschrauber hörte, die einem dann unablässig um den Kopf kreisten, während die Dämpfe das Gehirn auffraßen. Da war ja die Realität noch besser zu ertragen.

New Wave hatte auch etwas Subtiles. Mario, ein Leipziger Waver mit wild auftoupierten Haaren à la Robert Smith von The Cure wurde eines Tages von einem Volkspolizisten angehalten: »Du bist eine Distel im sozialistischen Rosengarten«, bekam Mario zu hören. Jetzt wollten wir auch kleine Disteln sein.

Wir hörten nun hauptsächlich Depeche Mode, Joy Division, Sisters of Mercy und The Cure. Eigentlich waren das eher die Kommerzbands des New Wave, die jeder kannte, aber an die Musik der etwas kultigeren, weil unbekannteren Bands kamen wir aufgrund fehlender Kontakte nur allmählich heran. Eine ebenfalls wahnsinnig wichtige Band waren für uns Die Ärzte. Diese liebten wir vor allem deshalb, weil man ihre deutschsprachigen Songs so schön lautstark nachsingen konnte, wenn man in der Clique unterwegs war. Außerdem hatten wir in der Klasse einen begabten Pianisten, der uns in den Pausen vor dem Musikunterricht am Klavier dazu begleitete. Wir sangen unter den Ohren unserer ahnungslosen Lehrer dann solche Songs wie »Geschwisterliebe« und »Claudia hat 'nen Schäferhund«, Lieder, die drüben von der Bundesprüfstelle für jugendgefährdende Schriften auf den Index gesetzt worden waren und deshalb selbst auf Live-Konzerten der Ärzte nicht gesungen werden durften. Wir hatten Glück, kein Lehrer bekam den tieferen, überhaupt nicht jugendfreien Sinn der Songs mit, und wir fühlten uns großartig. Manchmal war der halbe Flur vor dem Musikzimmer von Schülern blockiert, die uns zuhören wollten. »Singt ihr heute wieder?« riefen uns hier und da die Kids zu. Da wußten wir: Wir waren auf dem besten Wege, cool zu sein – yeah!

Die Clique

1987 feierte Berlin seinen 750jährigen Geburtstag. Die Ostberliner freuten sich. Aus der ganzen DDR wurden Bauarbeiter in die Hauptstadt »delegiert«, um sie noch schöner zu machen. Ostberlin wurde herausgeputzt, der Rest der DDR verfiel weiter. Ein gewisser Unmut machte sich deswegen unter Teilen der Bevölkerung breit, der sich folgendermaßen Luft verschaffte: Viele, die in Städten lebten, die älter waren als Berlin, schmückten ihre Autos mit entsprechenden Hinweisen. So las ich in diesem Jahr an Trabbis und Ladas immer wieder den Spruch »822 Jahre Leipzig«.

Doch auch bei uns gab es was zu feiern, wenn auch nicht so bombastisch wie in Ostberlin. Im Frühsommer 1987 fand wie alle Jahre auf unserem Schulhof das »Wohngebietsfest« statt. Eine Kegelbahn wurde aufgebaut, dazu ein Bratwurstgrill, Tische und Bänke, jede Menge billiges Bier. Es war ein Treffen der Generationen, wenn auch – vorsichtig ausgedrückt – die Intellektuellen aus dem Wohngebiet dieser Veranstaltung fernblieben. Thümi, Rüdi, Nauni und ich fanden es dort ausgesprochen kurzweilig. Man mußte nur zur vorgerückten Stunde einen Bogen um die besoffenen Halbstarken machen, aber hier kannte ja schließlich jeder jeden.

In diesem Jahr trafen wir drei Jungs, die klamottenmäßig genauso rumrannten wie wir. Das fanden wir toll, denn wir kannten außerhalb unserer Schule kaum Leute, die so unterwegs waren wie wir. Natürlich quatschte man sich an. Die Jungs nannten sich »U.S.A.«, was sie aus ihren Vornamen Uwe, Stefan, André kreiert hatten. Dabei hatten sie noch viel bessere Spitznamen: Nobi, Triebi und Pyro. Alle drei waren ähnlich schlank und kaum über 1,75 Meter groß, genau wie wir. Wir paßten perfekt zusammen. Stefan, »Triebi«, hatte mit seinen nach hinten gegelten Haaren fast etwas Dandyhaftes, soweit man so was einem 14jährigen zuschreiben kann. Er erinnerte mich sofort an die beiden Typen von Tears for Fears. Außerdem trug er immer ein kleines Köfferchen aus Großvaters Zeiten mit sich rum, was damals der letzte Schrei war. Triebis Jacke schmückte ein selbstgebastelter Anstecker: »Da lacht der Löwe, da kotzt der Bär – 822 Jahre sind schon ein bißchen mehr.« Nobi, wie Uwe genannt wurde, hatte einen der beliebten Depeche-Mode-Bürstenhaarschnitte und war mir deshalb schon sympathisch. Und Pyro machte das Trio komplett.

Die drei kamen aus der Schule jenseits der Straßenbahngleisanlagen auf der Karl-Liebknecht-Straße Richtung Scherbelberg, keine fünf Minuten von unserer »Hoffmann« entfernt. Dort hatten wir bislang noch niemanden gekannt, denn alles, was östlich der Karl-Liebknecht-Straße wohnte, ging auf unsere Schule. So wurde an diesem historischen Frühsommerabend des Jahres 1987 endlich über die uns trennenden Gleise hinweg Freundschaft geschlossen zwischen Ost- und Westseite der Karl-Liebknecht-Straße. Die territoriale Grenze der Straßenbahnschienen war für uns nun gefallen, es wuchs zusammen, was zusammengehörte: Die New-Wave-Kids der Südvorstadt waren vereinigt.

Von nun an trafen wir uns an den warmen Tagen auf dem Steinplatz gleich neben unserer Schule, im Winter bei Triebi zu Hause in einer riesigen Bauhaus-Wohnung am Scherbelberg. Wir gaben unserer neu entstandenen Clique den markigen Namen »Black Power«, wegen unserer schwarzen Klamotten. Außerdem wußten wir, daß es in den USA mal eine Bürgerrechtsbewegung der Afroamerikaner mit diesem Namen gegeben hatte, und das fanden wir irgendwie toll, obwohl wir sonst überhaupt nichts darüber wußten. Außerdem legten wir uns noch ein Cliquenlied zu. Es gab von den Ärzten einen Song, dessen Refrain lautete:

»Mit uns kommt sowieso keiner mit,
denn wir sind die Ärzte, und wir sind zu dritt.«

Wir machten daraus:

»Mit uns kommt sowieso keiner mit,
denn wir sind Black Power, und wir sind zu siebt.«

Leider reimte es sich nicht so schön wie bei den Ärzten, also es reimte sich eigentlich überhaupt nicht, aber wir waren nun mal sieben Jungs und zogen damit laut singend, oder eher grölend, durch die Straßen unseres vereinigten Kiezes und fühlten uns großartig.

Die meiste Zeit im Sommer verbrachten wir im übrigen nicht an einem Badesee, denn das war für uns »New Waver« einfach total uncool. Egal wie heiß es war: Wir trugen nicht mal kurze Hosen oder Sandalen, weil das einfach nicht zu unseren Outfits paßte. Wir gingen in eine nahe gelegene Eisdiele in der Kochstraße und verdrückten unzählige Eisbecher, um nach der Rückankunft am Cliquentreff sofort wieder dorthin aufzubrechen.

Gern liefen wir auch als Gang bei Schuldiscos in der Nähe auf, denn zu den richtigen Discos an den Wochenenden in Jugendclubs fand man aufgrund des enormen Andrangs und fehlender Beziehungen zum Einlaß schwer Zutritt. Eine Ausnahme war die »Delicata«-Disco. »Delicata« hieß der Schlachthof, der gleich bei uns um die Ecke war. In dessen Kantine fand Freitag abend immer eine Disco statt, die von allen Cliquen aus den umliegenden Wohngebieten besucht wurde. Dort gab es öfter mal Stunk mit den »Straßen«-Typen, einer Clique aus der »Straße des 18. Oktober«, einem Neubaugebiet hinter den Gleisanlagen Richtung Bayerischer Bahnhof. Besonders Thümi hatten sie immer wieder auf dem Kieker. Unter dem Delicata-Discopublikum waren auch sonst immer ein paar ältere Jungs, die zu vorgerückter Stunde mit entsprechendem Alkoholpegel gewisse Aggressionen verspürten, besonders gegen solche Popper-Kids in schwarzen Klamotten, wie wir es waren. Es empfahl sich daher, mindestens 15 Minuten vor Schluß der Veranstaltung abzuhauen, um der obligatorischen Massenschlägerei zu entgehen.

Absolute Highlights waren die Partys bei Triebi. Er hatte einen fünf Jahre älteren Bruder und sich schon einiges abgeschaut, was das Feiern anging. Jahrelang wurde von einer Party erzählt, an der bis zu 100 Leute teilgenommen haben sollen, und dementsprechend laut war es im ganzen Haus. Irgendwann nachts riefen die genervten Nachbarn die Polizei. Die Wohnung von Triebi lag im letzten Stock, und über ihr war ein großes Flachdach, welches man vom Balkon aus erklettern konnte. Kurz vor Eintreffen der Polizei verschwanden darum alle Gäste unbemerkt auf das Dach, und Triebis

Bruder öffnete den Vopos unschuldig die Tür zur leeren Wohnung.

Günstigerweise hatten die Eltern ein Wochenendgrundstück bei Berlin und waren deshalb des öfteren nicht da. Glück für uns, daß Triebi ausgesprochen gastfreundlich war. Geheimnisumwittert war die Kammer hinter der Küche, das frühere Dienstmädchenzimmer. Dort sollte schon so mancher Partybesucher seine Unschuld auf der Gästeliege verloren haben, und wir spekulierten, wann es denn einen von uns erwischen würde.

Außer uns sieben Jungs gehörten auch noch einige andere zur Clique, manchmal mehr und manchmal weniger. Besonders die Mädchen waren immer paarweise unterwegs. Da waren die beiden Schwarzhaarigen, Micky und Katrin, die beiden Blondinen, Susi und Anja, die beiden Langhaarigen, Winnie und Günni, sowie Geertje und Frieda mit halblangen Haaren. Aus dem benachbarten Stadtteil Marienbrunn ließen sich außerdem ab und zu zwei Mädchen mit gelockten Haaren sehen: Antje und Jaqueline. Wie sich jeder denken kann, kam es natürlich zu diversen Beziehungen. Um sich das graphisch vorzustellen, müßte man einfach nur mit einem Stift zwei Minuten lang Zickzacklinien auf ein Blatt Papier malen – also wie bei jeder anderen Jugendclique eben auch.

Damals reichte noch ziemlich wenig Alkohol aus, um den einen oder anderen rumtorkeln zu sehen. Am nächsten Tag erzählte der Besoffene dann immer die übelsten Storys: »Ich war gestern wieder völlig blau und hab einen totalen Filmriß.« Dabei hatte man genau gesehen, daß derjenige maximal ein Bier intus hatte, also hier nur eine Show ablieferte, aber das gehörte zum Erwachsenwerden wohl dazu. Ich bemühte mich ebenfalls, den nun obligatorischen alkoholischen Getränken etwas Interessantes abzugewinnen. Jedoch hatte ich ein großes Problem: Ich fand das Zeug einfach nur eklig. Sicherlich ein Genfehler, denn alle anderen tranken das doch auch in großen Mengen. Ich probierte alles durch: Bier, Schnaps, Wein, Sekt, Liköre – es half nichts. Ich war ein Versager. Wie sollte ich nun erwachsen werden? Glücklicherweise hatte ich eine tolerante Clique und durfte trotzdem mit auf die Partys. Es sprach sich außerdem rum, daß ich nichts trank, und das erleichterte mir die Kontaktaufnahme zu unbekannten weiblichen Gästen – bis diese später am Abend leicht angetrunken mit ebenfalls besoffenen Kumpels in der »Kammer« verschwanden. Zu später Stunde war ich dann immer der einzige noch nüchterne Mensch zwischen lauter Musik, Zigarettenqualm, leeren Bierflaschen und schaute meinen Kumpels zu, wie sie auf allen vieren durch den Flur Richtung Klo krabbelten oder auf der Balkonbrüstung im dritten Stock einschliefen.

Höhepunkt einer jeden Party war der Gang auf das Flachdach, wo dann die Jungs kollektiv auf die Straße runterpinkelten. Wer sich vorher genügend Mut angetrunken hatte, ließ sich anschließend von Pyro, der eine elektrische Haarschneidemaschine besaß, den Nacken und die Seiten auf drei Millimeter Haarlänge kürzen. Das brachte die Depeche-Mode- oder The-Cure-Frisur optimal zur Geltung. Mut brauchte man dafür, um nicht an die Reaktionen zu denken, welche diese Frisur bei den eigenen Eltern hervorrufen würde. Nauni übernachtete deswegen mal auf einer Parkbank, nachdem er zu Hause einen fetten Anschiß bekommen hatte. Keine Ahnung, warum abrasierte Seiten so schlimm sein sollten, wir fanden es todschick.

Wir verlebten aber auch wunderschöne alkoholfreie Abende, an denen wir in lauen Sommernächten auf dem Balkon bei Triebi saßen, in den Sternenhimmel schauten und den bislang verschmähten Früchtetee aus einem Westpaket tranken. Wir sprachen über Liebe beziehungsweise über das, was wir uns darunter vorstellten, und wir versuchten, über das Leben zu philosophieren, darüber, ob es einen Gott gebe und daß die Idee des Sozialismus eigentlich gar nicht schlecht, hier bei uns in der DDR aber völlig schief gelaufen sei. Gorbatschow hingegen fanden wir sympathisch. Viel sprachen wir über den Unterschied zwischen uns und den DDR-Bonzen. Letztere sahen sich ja als Linke an, wir als New-Wave-Kids uns aber irgendwie auch. Trotzdem hatten wir mit denen überhaupt nichts gemeinsam. Viel von dem, über das wir da redeten, hatten wir natürlich bei unseren Eltern aufgeschnappt, hier in unserem Kreis versuchten wir jedoch uns auch unsere eigene Meinung zu bilden. Dazu wurden Unmengen Zigaretten geraucht, zu später Stunde »Karo«, die etwa mit den Rothändle-Kippen vergleichbar sind.

Kurz vor Sonnenaufgang spazierten wir dann zum nahe gelegenen Scherbelberg, um uns von dort oben dieses Naturschauspiel anzuschauen. Auf dem Rückweg freuten wir uns diebisch, wenn wir Menschen sahen, die verschlafen zur Arbeit aufbrachen, denn wir gingen jetzt erst ins Bett.

Triebis Bruder arbeitete als Koch in einem Interhotel. Einmal kam er spät in der Nacht ziemlich angetrunken mit zwei jungen Kollegen von der Arbeit. Sie hatten eine Plastewanne voll Eiswürfel und zwei Flaschen Gin mitgebracht, die umgehend in Mixgetränke verwandelt wurden. Wir anderen saßen in der Küche und hörten den dreien beim Ausdenken neuer Kochrezepte zu, bis sie gegen zwei Uhr morgens den Gasherd anschmissen und unter wildem Rumgetobe für alle Pfannengeschnetzeltes mit Bananen-Honig-Reis kochten. (Heutzutage nennt man das Crossover-Küche. Wir hatten das schon vor 20 Jahren, ätsch!) Zwischendurch riefen sie uns grinsend zu, daß wir nun erleben könnten, daß Kochen eine Kultur sei und wahnsinnig Spaß mache. Vor allem war es Kunst. Es war eine Kunst, trotz des ungeheuren Alkoholpegels zu dieser Nachtzeit noch ein so wunderbares Essen zu zaubern. Respekt, Jungs!

Mädchen

Mädchen sind toll! Das wußte ich schon seit frühester Kindheit. Katja, die mit ihrer Mutter und ihrem großen Bruder in der Lößniger Straße in unserer Nachbarwohnung wohnte, war lange Zeit meine zukünftige Ehefrau. Wir waren 1977 schon so gut wie verlobt. Wenn wir groß wären, wollten wir heiraten, und ich wünschte mir zu unserem Familienglück ein großes dunkelgrünes Auto mit einem Funkgerät, so wie bei den Taxis. Katja wünschte sich drei Kinder. Sie war auch das erste Mädchen, das ich nackt sah, und ich spürte damals mit meinen sechs Jahren, daß es sich lohnen könnte, älter zu werden. Mit Eintritt in die Schule zerschmolz jedoch unser Eheversprechen wie Eis in der Sommersonne, denn sie war ein Jahr älter als ich und konnte sich natürlich unmöglich länger mit einem Jüngeren abgeben.

Die Fahrten ins Ferienlager waren der nächste Schritt, denn da wurde ja schon richtig rumgeknutscht, viel mehr aber auch nicht. Liebeleien innerhalb der Schulklasse ergaben sich erstaunlicherweise so gut wie nie. Wahrscheinlich waren wir wirklich mehr oder weniger wie eine große Familie, also alles Brüder und Schwestern.

So richtig interessant wurde es erst bei den zahlreichen Partys, die man als Teenie mit der Clique feierte. Es gab kaum eine bessere Kontaktbörse in dieser Zeit. Und keine bessere Möglichkeit, die körperlichen Interessen am anderen Geschlecht zumindest ansatzweise auszuleben.

Sonja war hierbei ein freundliches und hilfsbereites Mädchen aus der »Hoffmann«, die manchmal bei unseren Partys abhing. Obwohl sie so alt war wie ich, schien sie schon um einiges reifer zu sein als die anderen Mädchen, was man nicht nur an ihrem Körperbau sah. Sie hatte Selbstbewußtsein, sie wußte schon genau, was und wen sie wollte, und half von Party zu Party immer mal einem Jungen aus der Clique entscheidend auf dem Weg zum Erwachsenwerden. (Mich hatte sie übrigens ausgelassen. Schuld war bei mir sicherlich der Alkohol – der fehlende.)

Tipps und Informationen zu diesem neuen heißen Thema bekamen wir reichlich aus der BRAVO und von Triebis älterem Bruder. Und dann gab es natürlich den Informationsaustausch untereinander. Redeten wir bis vor kurzem eigentlich nur von Musik und Klamotten, so beherrschte zunehmend der weibliche Körper unsere Gespräche – natürlich nur, wenn die Mädels nicht anwesend waren. Vor allem redeten wir über Brüste. Es gab nichts, das uns mehr faszinierte. Wir hatten ja keine, dafür aber die Mädchen. Manchmal fachsimpelten wir, wer aus unserem weiblichen Bekanntenkreis die schönsten habe oder wahrscheinlich haben würde, manchmal wußte man es nicht genau, weil sie noch keiner gesehen oder gar angefaßt hatte. Diejenigen von uns, die gerade mit einem Mädchen »gingen« und schwer verliebt waren, rückten jedoch nicht mit Details raus, das gebot der Anstand, schließlich wollte man ja auch ein wenig Gentleman sein. Nur stilles Grinsen.

Einmal stand Rüdi an einem lauen Sommerabend vor meiner Tür. Er wollte was loswerden, es ging um seine neue Freundin. Ich klaute meinem Vater ein Bier aus der Speisekammer (damals hatten die Wohnungen noch so was), und wir spazierten zum Scherbelberg, denn nirgendwo konnte man besser die wirklich wichtigen Dinge des Lebens bereden. Oben auf der Spitze setzten wir uns ins Gras und schauten über den Auewald in die Abendsonne. Es war genau dieselbe Stelle, an der ich mit Rüdi, Thümi und Katrin vor ein paar Wochen nachts gesessen hatte. Nach einer Flasche billigen Rotweins hatten sich Thümi und Rüdi nackt ausgezogen und waren schreiend über die Wiese gerannt. Ich knutschte inzwischen mit Katrin rum. Als ich sie anschließend noch bis vor ihre Haustür brachte, trafen wir vor dem Polizeirevier, welches gleich neben dem Scherbelberg lag, eine besoffene weinende Punkerfrau mit schickem Iro-Haarschnitt. Sie war vor ein paar Stunden mit einigen Punker-Kumpels aus fadenscheinigen Gründen von der Volkspolizei verhaftet und als erste freigelassen worden. Wir mußten ihr erst mal erklären, in welcher Ecke von Leipzig sie sich befand.

Rüdi und ich tranken das mitgebrachte Bier, also in erster Linie Rüdi, denn ich fand es wirklich nicht genießbar. Schließlich begann er zu erzählen: »Ich bin ja jetzt schon einige Wochen mit Marie zusammen. Vorgestern auf der Party bei Triebi habe ich mit ihr das erste Mal geschlafen. Es war phantastisch, einfach unbeschreiblich. Aber wir haben nicht verhütet.« Cool, das »erste Mal«. Soweit hatte ich es noch nicht gebracht. Ich freute mich, daß Rüdi mir so ein Geheimnis anvertraute, wenn mir als Antwort auch erst mal nichts Besseres einfiel als: »Mensch, das steht doch in jeder BRAVO, daß man immer verhüten soll.« Ich konnte damals nur erahnen, wie der Verstand beim Sex ausgeschaltet werden würde. Ob sie schwanger war, wußten sie noch nicht. Wir schauten in die untergehende Sonne und schmiedeten nach einer Weile Pläne, was man machen könnte, wenn es doch passiert wäre. Zum Beispiel könnten wir versuchen, uns eins dieser vielen leerstehenden Hinterhäuser in der Südvorstadt irgendwie unter den Nagel zu reißen und dort alle einzuziehen, die ganze Clique mitsamt Marie und dem möglichen Kind ... Als es ganz dunkel war, gingen wir wieder nach Hause. Jetzt hieß es erst mal warten. Marie war dann doch nicht schwanger, und das war mit ihren 16 Jahren auch gut so.

Was mich anging, ich war schon immer ein Schwärmer und Träumer. Besonders in Hinblick auf Mädchen. Manche Gelegenheit zum Sich-mal-eben-spontan-Verlieben habe ich verstreichen lassen, weil ich gerade für irgendein anderes Mädchen schwärmte – welches ich meist nur aus der Ferne kannte. Ich wollte lieber die Taube auf dem Dach als den Spatz in der Hand. Das lag sicherlich an der Pubertät, aber auch an meinem Unvermögen, mich bei Partys mit den anderen standesgemäß zu besaufen und dann mit der Nächstbesten »abzuschieben«, denn so begannen damals nicht wenige Beziehungen in unserer Altersgruppe.

Eine dieser Schwärmereien war Frieda, die eigentlich Friederike hieß. Schon ihr Name war damals für mich so ungewöhnlich, daß sie gar nicht in die DDR paßte. Hier hießen die meisten Mädchen Anja oder Katrin, aber ich kannte nur die eine Friederike. Sie war ein Jahr jünger als ich, ging auch auf die »Hoffmann« und war mir schon vor Ewigkeiten aufgefallen. Was mir damals an ihr, neben ihrem attraktiven Äußeren, gefiel, waren ihre zahllosen schicken Westklamotten. Sie kam mir vor, als sei sie aus einem Westpaket entsprungen. Das glaubte ich ja genauso von mir, und darum fand ich, daß wir eigentlich wunderbar zusammenpassen müßten. Die Jahre gingen ins Land, ohne daß sie überhaupt Notiz von mir nahm. Ich hatte diesbezüglich auch nichts unternommen. Ihre Attraktivität ließ jedoch nicht nach – im Gegenteil. Sie erinnerte mich mit ihrem ernsten, etwas unnahbaren Blick an nicht wenige weibliche Stars aus der BRAVO, weil die damals ebenfalls immer so ernst schauten, wenn man mal von Kylie Minogue absah, denn die grinste in den 80ern auf all ihren Bildern.

Erste Gelegenheiten zur Annäherung boten sich mir, als sie 1987 mit ihrer Freundin Geertje zu unserer Clique stieß und wir uns nun endlich ein wenig kennenlernten. Wir redeten sogar ziemlich oft miteinander, was in mir natürlich gewisse Hoffnungen weckte. Ich war ihr offenbar nicht unsympathisch. Sie interessierte sich zu dieser Zeit jedoch leider mehr für Markus von den Götzens-Zwillingen und für meinen Kumpel Nauni. Mehr als »gute Freunde« war nicht drin. Nun hatte ich so viele Jahre auf eine Chance gewartet, und dann so was. Ich durchlitt düstere Stunden in meinem Zimmer, und nur mein treuer Kassettenrekorder spendete mir Melodien des Trostes. Das Leben kam mir verdammt ungerecht vor. Aber meine Zeit sollte noch kommen.

Zum Schlüsselerlebnis wurde ein Punkkonzert im Kino »Connewitz« am Vorabend des 1. Mai 1988. Meine Erinnerung an die Bands ist weniger intakt als die an Frieda, mit der ich vom Rang aus das Geschehen verfolgte. Heute sollte alles anders werden – das hatte ich mir vorgenommen. Thümi hatte mir nämlich vor ein paar Tagen auf der Klassenfahrt erzählt, daß Friedas Gefühle für mich offenbar nicht länger nur kumpelhaft seien. Da wurde mir schlagartig klar: Es gibt Gott wirklich! Jetzt mußte ich nur noch ein bißchen mutig sein.

Zunächst standen wir ganz harmlos nebeneinander auf dem Rang und sahen uns das Konzert an. Ich konnte ihr Westhaarspray riechen, mit dem sie ihre The-Cure-Frisur in Form gebracht hatte, und unsere Arme berührten sich hin und wieder wie zufällig. Mein Adrenalinpegel war schon recht hoch und mein Deo aus dem Intershop kurz davor zu versagen, aber wie nun den nächsten Schritt wagen?

Das Konzert war zu Ende, und ich hatte immer noch nichts gerissen. Wir liefen durch die nächtliche Südvorstadt bis zu ihrem Haus. Schließlich standen wir vor ihrer Tür und schauten uns an. Jetzt käme eigentlich der in unserer Clique übliche kleine Abschiedskuß, doch Gott drückte just in diesem Moment auf den Zeitlupeschalter, und so standen wir plötzlich einige Minuten küssend vor ihrem Haus, während wir uns an den Händen hielten und mich der Duft ihres Westhaarsprays betörte. Wie das Küssen fetzte. Wir standen eng umschlungen auf dem Fußweg und lächelten uns an. Ich drückte sie ganz fest an mich, die Endorphine in meinem Körper spielten völlig verrückt. Auch ohne es direkt auszusprechen, war es klar, daß wir nun »miteinander gehen« würden, selbst wenn wir in diesem Augenblick gar nicht gingen, sondern standen. Ich war am Ziel meiner Träume. Darauf hatte ich Ewigkeiten gewartet. Nach einiger Zeit und stillem Händchenhalten verabschiedete ich mich, denn wir waren beide noch nicht in dem Alter, wo man sich sofort auf einen Kaffee in die Wohnung einlud. Außerdem mußten wir ja mit unseren Schulkameraden am nächsten Morgen an der offiziellen 1.-Mai-Demo teilnehmen, und das hieß 6.30 Uhr aufstehen. Ich lief grinsend nach Hause und schrie meine Freude in die Nacht. Ich fühlte mich prächtig und fieberte der sonst endlos langweiligen Demo entgegen, bei der wir uns schon wiedersehen würden.

Wir hatten ein paar wunderschöne Wochen, und dann passierte mir etwas, womit ich nicht gerechnet hatte: Es stellte sich bei mir eine gewisse emotionale Sättigung ein. Ich fühlte mich, als hätte ich tagelang nur Mars-Riegel gegessen. Damit kam ich gar nicht klar, schließlich war Frieda jahrelang meine Traumfrau gewesen. Ich sprach darüber eher zufällig zunächst mit Daniela von unserer Steinplatzclique, die meine Verwirrung leider gleich an Frieda weiterpetzte. Schönen Dank, Frau »Radio Steinplatz«! Frieda war sauer, und ich konnte ihr nix erklären. Jedenfalls trennten wir uns wieder. Es war noch nicht die Zeit, wo man ernsthaft am Bestand von Beziehungen arbeitete, und es gab ja auch noch andere schöne Mädels. Ich machte mich gleich auf die Suche.

Kriegsspiele

Anfang der 80er Jahre befanden wir uns immer noch mitten im Kalten Krieg. In Ost- und Westdeutschland hatte man außerdem neue Atomraketen stationiert, nicht gerade wenige. Die DDR war Frontstaat. Wir in Leipzig lebten sozusagen in der potentiellen Hauptkampflinie. Das bayerische Hof ist gerade mal 150 Kilometer von Leipzig entfernt, Göttingen gut 200 Kilometer. Da mußte man eine Menge Leute für einen möglichen Krieg fit machen, wenn man nicht wollte, daß die Amerikaner dann schon zum Mittag bei uns im »Auerbachs Keller« saßen.

Die Nationale Volksarmee und die bei uns stationierte Rote Armee reichten offenbar nicht für eine eventuelle Landesverteidigung aus. Auch die paramilitärischen »Kampfgruppen der Arbeiterklasse«, gebildet aus Arbeitern der Großbetriebe, waren noch nicht genug. Die Berufsschüler bereitete man in der »Gesellschaft für Sport und Technik« (GST) auf den Krieg vor. Aber auch wir 15jährigen Schüler sollten trotz der nun langsam beginnenden Entspannungspolitik zwischen den USA und der Sowjetunion für unsere NVA-Zeit geschult werden.

Es war üblich, daß die Jungs aller 9. Klassen für eine Woche in ein »Wehrertüchtigungslager« fuhren. Das für unsere Region lag in Scheibe-Alsbach, einem kleinen Kaff im Thüringer Wald. Unter den Schülern nannte man es makaberer- und dummerweise, in Anlehnung an

Drahtzäune und Holzbaracken, nur »Scheibe-Auschwitz«. Das Lager war riesig, und abends kam es manchmal zu Schlägereien zwischen Sachsen und Thüringern. Uns stand also eine Woche in Uniform bevor, mit jeder Menge militärischer Ausbildung und Drill unter Leitung von NVA-Offiziersschülern, ersten NVA-mäßigen Schikanierungen, Besäufnissen und Prügeleien. Die Jungs aus den höheren Klassen hatten uns davon berichtet. Das klang ganz schön gruselig, denn ich war ein Softi, ein Popper, und versuchte gerade Teil der schwarzgekleideten New-Wave-Jugendsubkultur zu sein. Wehrlager, das war was für harte Jungs und EOS-Streber. Ich wollte da nicht hin. Aber sich davor zu drücken war etwa so, wie nicht in die FDJ einzutreten, und machte eben gar keinen guten Eindruck. Eigentlich sollten alle Jungs aus Leipzigs 9. Klassen dort hin. Doch, DDR sei Dank, gab es nicht genug freie Plätze in Scheibe-Alsbach. Aus irgendeinem Grund konnten aus unserer »Hoffmann« nur acht Jungs pro Klasse hinfahren. Der Rest sollte zu Hause an der Schule zusammen mit den Mädchen Krieg spielen – »Zivilverteidigung« nannte man das. Das schien die Rettung zu sein!

Während einer Biologiestunde kam eines Tages unsere Klassenlehrerin Frau Sträubig mit einer Liste reingeplatzt und fragte, wer mit nach Scheibe-Alsbach wolle. Die Arme gingen in die Höhe, weit mehr als acht, Engagement zeigen für den Ausbildungsplatz oder die EOS. Kam ja sicher in irgendeine Akte. Ich überlegte: Melde ich mich, und mein Name kommt auf die Liste, macht es einen guten Eindruck. Andererseits barg das natürlich auch die Gefahr, dann tatsächlich hinfahren zu müssen. Nauni und Rüdi standen bereits auf der Liste. Was nun? Blickkontakt mit Thümi. Wir meldeten uns nicht. Sicher war sicher. Wir wollten lieber in Leipzig bei unseren Mädels einen guten Eindruck machen.

Und wir hatten eine schöne Zeit zu Hause. Unser Biologie- und Chemielehrer Herr Wolf erklärte uns, wie man unseren Schulkeller in einen atombombensicheren Luftschutzraum umbaute und wie man eine Gasmaske richtig aufsetzte. Ich hatte mir vorsorglich noch eine ärztliche Befreiung vom Tragen der Gasmaske besorgt und schaute den anderen zu, wie sie auf das Kommando »Gas!« um die Wette die Masken aufsetzen mußten. Die enganliegende Gummimaske hätte außerdem meine Depeche-Mode-Bürstenfrisur kaputt gemacht, und die war mir nun wirklich wichtiger als der korrekte Umgang mit dem »Schnuffi«. Der Musiklehrer Herr Neumann leitete den Erste-Hilfe-Kurs. Glücklicherweise zeigte er uns die Mund-zu-Mund-Beatmung nur an einer Puppe. Mit dem wollte wirklich keiner rumknutschen.

So konnte ich zwar nicht in Scheibe-Alsbach an den abendlichen Schlägereien mit den Altenburgern teilnehmen und verpaßte auch das heimliche Abhauen aus dem Lager, um in der Dorfkneipe Bier zu trinken. Dafür kletterte ich mit unseren Mädels auf den Scherbelberg an der Fockestraße und spielte unter fachmännischer Anleitung unseres Werkenlehrers Herr Jäger eine Zivilverteidigungsversion von Räuber und Gendarm. Das wäre dann also die Heimatfront gewesen.

Außerdem gab es noch den Wehrkundeunterricht, 14tägig eine Doppelstunde. Hierzu kam ein gestandener Berufsoffizier zu uns in die Schule und erzählte uns etwas über das tolle Leben bei der NVA und wie der Westen auf der Lauer läge, uns zu überfallen. Der Typ war jedoch – vorsichtig ausgedrückt – weder optisch noch rhetorisch überzeugend, um uns für die NVA zu begeistern. Er war mittleren Alters, etwas aufgedunsen, sprach den charmanten Leipziger Dialekt und war auch sonst für diesen Job nicht geeignet. Immerhin strahlte er beziehungsweise die Institution, die er repräsentierte, gerade noch so viel Autorität aus, daß wir nicht seinen Unterricht sabotierten. Probleme hatten wir aber bereits, wenn wir ihn ansprechen wollten. Keiner konnte sich seinen Dienstgrad merken. Es war irgend etwas wie Unterstabsfähnrich. Eigentlich hätten wir das wissen sollen, weil man ihm vor Beginn der Unterrichtsstunde Meldung machen mußte, daß unsere Klasse nun bereit für sein Gesülze sei. Bei jeder Meldung wurde ihm ein neuer Dienstgrad verliehen, den er jedesmal korrigieren mußte. Unter uns nannten wir ihn einfach »Wichslippe«, weil sich ab der zweiten Stunde immer zwischen Ober- und Unterlippe ein weißer Speichelfaden bildete, der selbst beim Öffnen des Mundes nicht wegging.

Gleich in der ersten Stunde machte er uns klar, daß wir das nächste Mal alle im FDJ-Hemd zu erscheinen hätten. Im Gegenzug könnten wir auch von ihm erwarten, daß er in Uniform käme. Leider hatten wir nicht den Mut, ihm zu sagen, daß wir überhaupt nicht wollten, daß er in Uniform käme. Eigentlich sollte er gar nicht kommen, denn das, was er uns erzählen würde, interessierte wirklich niemanden in unserer Klasse, maximal vielleicht noch Manni, der sich für zehn Jahre verpflichten wollte. (Wir vermuteten jedoch, daß er das nur gesagt hatte, um von den Lehrern durch die 10. Klasse geschleift zu werden, denn seine Zensuren waren ziemlich mies.)

Trotzdem machten wir unserem Oberunterstabsdingsbums die Freude und zogen das nächste Mal unser schönes blaues FDJ-Hemd an, wir wußten doch, was sich gehörte. Während viele es jedoch eher schamvoll unter großen Sweatshirts versteckten und nur der Kragen zu sehen war, hatten Nauni, Thümi, Rüdi und ich uns das Hemd über alles drübergezogen und sogar den obersten Knopf zugemacht. (Es soll FDJler gegeben haben, die steckten nur noch den Kragen oben an das Sweatshirt ran, der Rest des Hemdes war schon in der Mülltonne – so konnte man nach offiziellen Veranstaltungen schnell wieder in »zivil« rumlaufen – cool!) Zusätzlich schmückten wir unsere Hemden mit Lenin-Ansteckern aus der Sowjetunion – alles für Wichslippe! Anstecker aus der SU waren seit einiger Zeit sowieso schwer angesagt, nur daß dieser Trend nicht aus dem Osten kam. Martin Gore von Depeche Mode trug einmal auf einem Poster an der Lederjacke solche Lenin-Anstecker. Sofort rannten alle Fans in der DDR los und besorgten sich diese bislang völlig nutzlosen und uncoolen Pins. Endlich mal was, das man bei uns besser bekommen konnte als im Westen!

Wichslippe erzählte uns also etwas über das tolle Leben eines Berufssoldaten, daß es keine Eheprobleme gäbe, weil man die Ehefrau selten sähe, und daß man in den Genuß vieler, vieler Vergünstigungen nach der Armeezeit kommen würde, so zum Beispiel einer schicken Wohnung und eines Studienplatzes nach Wunsch. Nicht ganz so fit war er mit den Angaben, wie viele Soldaten sich denn in Ost und West gegenüberstehen würden. Er erklärte, daß die Bundeswehr 100000 Soldaten ständig unter Waffen hätte, die NVA hingegen nur 9000. Uns kamen Zweifel. Überall sah man Kasernen im Land und Rekruten in der Stadt, das waren nie und nimmer nur 9000 in der ganzen DDR. Das nächste Mal korrigierte er seine Zahlen folgendermaßen nach oben: Bundeswehr eine Million Soldaten, NVA 90000. Nun war uns endgültig klar, er hatte null Peilung. Als einmal Anette ihre Hausaufgaben nicht gemacht hatte, versuchte er seine Autorität zurückzugewinnen, indem er sie anfuhr: »Soll ich das politisch werten, daß Sie Ihre Aufgaben nicht gemacht haben?« Anette wurde rot und schwieg. Der Trottel, wie sollte er auch als Berufsoffizier etwas von Müßiggang verstehen.

Geradezu spektakulär waren seine Ausführungen, wie der Westen versuche, uns in der DDR mittels Musik zu beeinflussen. Wie wir alle wußten, hielt die NATO laut ihrer Militärdoktrin einen begrenzten Atomkrieg für durchführbar. Mit ernster Mine und erhobenem Zeigefinger verdeutlichte uns Wichslippe die Bedrohung durch die NATO folgendermaßen: »Nicht umsonst singt die BRD-Schlagersängerin Nicole nur von ›ein bißchen Frieden‹!« Leider durfte man bei seinen Pointen nicht lachen. Toll war hingegen, daß in einem DDR-Propagandabuch, das er mal rumgab, eine Schund-und-Schmutz-Literatur-BRAVO-Seite mit den Top-ten des Jahres 1983 abgebildet war. Das war wirklich das einzige, was mich in seinem Wehrkundeunterricht begeistert hatte.

Einige Zeit später fanden in der Schule die »Tage der Wehrbereitschaft« statt. Der letzte Tag wurde gekrönt mit einem 14 Kilometer langen Orientierungsmarsch durch den nahe gelegenen Auewald mit einzelnen Stationen. Kompaß lesen, tarnen und anschleichen, Minenattrappen suchen, marschieren und über ein klitzekleines Rinnsal hangeln, in das trotzdem immer wieder welche reinfielen – was für ein Gaudi. Natürlich wurden überall Punkte vergeben, und die beste Klasse unserer Schule sollte am Ende ausgezeichnet werden. Es war vorgegeben, daß wir in Marschformation auf das Schulgelände zurückkehren sollten – auch das wurde natürlich bewertet. 50 Meter vor der Schule stellten wir uns auf dem Fußweg der Hardenbergstraße also in Marschordnung auf – in Dreierreihen – und marschierten im Gleichschritt zurück. Niemand von uns fand das irgendwie sinnvoll, aber es mußte eben gemacht werden um des lieben Friedens willen – in doppelter Bedeutung. Jemand aus der Klasse fand, daß wir unser Erscheinungsbild noch verbessern könnten mit dem Anstimmen eines alten Pionierliedes aus der ersten Klasse:

Soldaten sind vorbeimarschiert im gleichen Schritt und Tritt.
Wir Pioniere kennen sie und laufen fröhlich mit.

Gute Freunde, Gute Freunde,
Gute Freunde in der Volksarmee.
Sie schützen unsere Heimat zu Land zu Luft und auf der See.

Der Flügelmann im ersten Glied mit Stahlhelm und MPi

Als Melker der Genossenschaft betreute er das Vieh,
juchhej.
Als Melker der Genossenschaft betreute der das Vieh.

Gute Freunde …

Der Rest der Klasse stimmte belustigt mit ein, und so marschierten wir laut singend auf unseren Schulhof. Alles stürmte an die Fenster, besonders die Lehrer. »Abteilung halt! Links um!« Wir standen und machten Meldung. Was für ein gelungener Auftritt! Besonders, weil man uns die Show wirklich abnahm. Nur einige wenige Lehrer erahnten die Satire. Und wie konnte es anders sein: Wir gewannen damit den Wettbewerb, und als Auszeichnung durfte unsere Klasse den Kinofilm »Plattfuß am Nil« mit Bud Spencer sehen. Nun waren wir wirklich für den Ernstfall gerüstet.

Kleinmesse und Faschos

Seit Jahrzehnten ist die Leipziger Kleinmesse, ein im Frühjahr und im Herbst stattfindender Rummel auf einer riesigen Freifläche nahe dem Zentralstadion, ein Treff für junge Menschen auf der Suche nach Zerstreuung und nicht zuletzt Promenade für zeitgeist- und modebewußte Teenager aus allen Stadtteilen. Man spaziert zwischen den Schaugeschäften entlang, futtert sich an den Freßbuden voll, macht erste Fahrversuche beim Autoscooter und läßt sich bei den verschiedenen Karussells und Berg- und Talbahnen die inneren Organe ordentlich durchschütteln. Ab Mitte der 80er Jahre gab es außerdem eine Bude, welche mehrere topaktuelle und vor allem sehr bunte Videospielautomaten aus dem Westen im Angebot hatte, neben alten mechanischen Spielautomaten aus Großvaters Zeiten. Man kann sich vorstellen, an welche Automaten man als kleiner Teenie rankam und welche von unzähligen Halbstarken umlagert wurden.

Ähnlich einem Intershop, befand sich die Kleinmesse völlig außerhalb der DDR-Gesellschaft. Hier gab es keine Lenin-Büsten als Lospreise, und nirgendwo hing ein Transparent, das die Mitarbeiter einer Geisterbahn zur Planübererfüllung auf Grundlage der Beschlüsse der SED anspornte. Das einzige, wo der DDR-Staat vielleicht noch mitredete, waren die Preise für Karussellfahrten und ähnliches. Ansonsten herrschte eine Art Kleinkapitalismus.

An den Schieß- und Losbuden gab es als Preise neben dem üblichen Jahrmarktnippes abfotografierte Poster aus dem in der DDR nach wie vor verbotenen BRAVO-Magazin. Die Fotos waren im A7-Format und paßten wunderbar in die durchsichtige Plastehülle des Personalausweises, welchen man ab dem 14. Lebensjahr immer bei sich führen mußte. Bei den nicht seltenen und meist grundlosen Ausweiskontrollen überall in der Stadt wurden diese Bilder dann regelmäßig von den Volkspolizisten rausgenommen und einem mit der Bemerkung in die Hand gedrückt, daß der Personalausweis ein Dokument sei, Eigentum der Deutschen Demokratischen Republik, und solche Sachen darin nichts zu suchen hätten. Waren die Vopos wieder abgetrabt, schmückte man seinen Ausweis wieder mit den Fotos seiner Lieblingsbands und mit Paßbildern wild frisierter Kumpels – bis zur nächsten Ausweiskontrolle.

Das bunte Treiben auf der Kleinmesse zog in den 80ern neben zahllosen Stinos, Poppern und Halbstarken auch Jugendliche der damals angesagten Szenen wie Punks, New Waver und Gruftis an. Diese stylischen jungen Menschen trafen sich bei einem Schaugeschäft mit dem markigen Namen »Tornado«, einer horizontalen Riesenschleuder, welche von uns Teens nur die »Kotzmühle« genannt wurde.

Neben dem stundenlangen Karussellfahren, Fressen und Promenieren konnte man aber auch noch ganz andere Sachen auf dem Rummel erleben, so etwa im September 1987. Es war ein Samstagabend, die Sonne war schon untergegangen, und unserer Clique stand an der Kotzmühle. Das Schaugeschäft war dicht umlagert von gruftimäßigen Leuten und solchen, die dazugehören wollten. Musik dröhnte aus den Boxen, und das Karussell machte ebenfalls tierischen Krach. Wir fanden es wunderbar.

Zur gleichen Zeit wurde in der Innenstadt im Gewandhaus die Leipziger Herbstmesse feierlich eröffnet. Die Stadt war voller Westmanager und SED-Bonzen. Sogar Willy Stoph, sozusagen der DDR-Vizekanzler, war anwesend, und in der Innenstadt hockten hinter jedem Gebüsch Vopos und Stasi-Typen. Auf dem Hauptbahnhof traf ein Zug mit Leipziger Fußballfans ein, die von einem Auswärtsspiel zurückkamen. Irgendwie von all den wachsamen Augen der DDR-Sicherheitsorgane ignoriert, zog diese Gruppe von etwa 50 bis 100 Fußball-»Rowdys«, unter ihnen nicht wenige Neo-Nazis, Richtung Kleinmesse. Der bekannte Treffpunkt der Gruftis und Punks war ihnen schon lange ein Dorn im Auge, und an diesem Tag sollten die dort mal ordentlich aufgemischt werden. Wenig später standen sie vor der Kotzmühle und blockierten die Ausgänge. Keiner von uns hatte mitbekommen, wer da im Anmarsch war, doch nun war es zu spät. Einer von ihnen rief: »Feuer frei!« Glücklicherweise wurde nicht wirklich geschossen, aber nun droschen die Typen auf alle ein, die herumstanden. Panik brach aus, unsere Clique verlor sich aus den Augen. In letzter Sekunde schaffte ich es, auf das gerade langsam fahrende Karussell aufzuspringen und auf der gegenüberliegenden Seite einen Ausgang zu erreichen, der nicht blockiert wurde. Ich drehte mich noch mal um und sah aber nur einen riesigen Tumult, aus dem sich Rüdi herausquetschte. Von den anderen keine Spur. Doch zurück konnten wir nicht mehr, wer will schon freiwillig verprügelt werden. Also machten wir uns aus dem Staub. Über riesige Umwege kamen wir schließlich unversehrt zu Hause an.

Am nächsten Tag trafen wir die anderen. Nauni hatte sich auch aus dem Getümmel absetzen können, war aber verfolgt worden und hatte sich nur durch einen beherzten Sprung in eine Schießbude vor der Prügel retten können. Triebi und Nobi kamen ebenfalls so einigermaßen ungeschoren davon. Nur Thümi hatte ein paar Schläge einstecken müssen – wie immer. Nachdem sie vom Gelände runter waren, trafen sie draußen auf eine Polizeistreife, die überhaupt nicht kapieren wollte, was da gerade auf der Kleinmesse abging. »Das habt ihr euch doch bestimmt selber zuzuschreiben«, antwortete der Polizist auf die Information, daß hier gerade schwarzgekleidete Jugendliche grundlos verprügelt worden waren. Immerhin waren wir alle einigermaßen heil aus der Sache rausgekommen, nur der Schreck saß uns noch längere Zeit in den Gliedern.

Einen Monat später gab es in Ostberlin bei einem Punkkonzert in der Zionskirche einen weiteren spektakulären Überfall von Faschos. Wir erfuhren bald davon und merkten, wie sich auch in Leipzig in der Folgezeit die Stimmung änderte. Hatte man bisher relativ ungestört mit schwarzen Klamotten und wilden Frisuren rumlaufen können, traf man nun zunehmend auf Fascho-Grüppchen, die einen aufgrund des Outfits verprügeln wollten. Verschiedene Discos waren nun No-Go-Areas mit Depeche-Mode- oder The-Cure-Outfit.

Das rechtsextreme Gedankengut dieser Typen war, anders als es die DDR-Medien später verbreiteten, nicht aus dem Westen importiert, sondern seit Jahrzehnten in der DDR selbst herangewachsen. Die Nazi-Outfit-Vorlagen kamen zwar von drüben, vereinten sich hier aber lediglich mit der bereits vorhandenen rechten Einstellung dieser Jugendlichen. Nazis waren nicht nur Hilfsschüler, sondern auch Söhne von mittleren SED-Bonzen. Fascho-Sein wurde im selbsternannten Land der Antifaschisten zur angesagten und erlebnisorientierten Fundamentalopposition von Jugendlichen gegen den DDR-Staat.

Für unsere Clique war dies eine Situation, mit der wir schwer klarkamen, denn wir waren eigentlich alle Pazifisten und hatten null Bock auf Prügeleien. Einige stadtbekannte Gruftis lösten diesen inneren Konflikt auf etwas paradoxe Weise: Sie schoren sich die Köpfe und wurden kurzerhand selbst Faschos. So konnte es passieren, daß man vor Leuten wegrennen mußte, mit denen man vor zwei Wochen noch in einer Disco zu The Cure getanzt hatte.

Wir blieben in der Folgezeit lieber erst mal in unserer Südvorstadt und erweiterten unsere Clique auf dem Steinplatz um einige ältere »Stinos« aus unserer Schule, die auch mal zuhauen könnten, wenn wir in unserem bislang noch relativ ruhigen Wohnviertel mal unangenehmen Besuch bekämen.

Gut anderthalb Jahre später sah ich vor Triebis Haus einen dieser zahlreichen »Kinder-Faschos«, die nun durch Leipzig zogen. Er wirkte sehr schmächtig und war bestimmt drei Jahre jünger als ich. Gefährlich konnte der mir bestimmt nicht werden, und darum fühlte ich mich mutig genug, ihn lautstark auszulachen, anstatt wie sonst sofort abzuhauen. Er bemerkte mich, war äußerst verunsichert (was mein Selbstwertgefühl noch steigerte) und drängte mir ein Gespräch auf. Auf seine Jeanshose hatte er mit Kuli das Zeichen der niederländischen Hausbesetzerbewegung draufgemalt, einen Krakel, der wie ein N aussah, mit einem Kreis drum. Der Typ dachte offenbar, es wäre ein Nazisymbol, N wie Neonazi. Es drangen eben nicht immer alle Infos von drüben korrekt bis an die Basis vor. Jedenfalls erzählte er mir, daß er und seine Fascho-Clique vom Hauptbahnhof übelst Angst vor den Connewitzer Punks hätten. »Die sind echt schlimm. Nach Connewitz würde ich mich nur mit mindestens fünfzig Mann trauen, zwanzig reichen da nicht.« Ich hatte noch nie was von so gefährlichen Connewitzer Punks gehört, nickte ihm aber bestätigend zu. Er verpißte sich schnell wieder, und ich rannte gleich zu Triebi hoch, wo noch einige andere aus unserer Clique waren. Ich erzählte, was ich soeben erlebt hatte. Wir waren begeistert. Die Faschos dachten, Connewitz wäre ein linkes Viertel. Sofort erklärten wir unsere Südvorstadt auch zu Connewitz gehörig und beschlossen: »Diesen Mythos müssen wir nähren.«

Behind the Wall – Depeche Mode in Ostberlin

Immer wieder kursierten Gerüchte, daß diese oder jene populäre Band aus Westeuropa in die DDR kommen sollte. Darum hielt ich den Anruf von den Götzens-Zwillingen Anfang März 1988 für eine der zahllosen Enten. »Depeche Mode kommen nach Ostberlin. Soll ein FDJ-Geburtstagskonzert sein«, erzählten sie mir am Telefon. Die Götzens-Zwillinge, meine alten Kumpels aus der Jungen Gemeinde, waren vor einigen Monaten von Leipzig nach Ostberlin gezogen, weil ihr Vater eine Kirchgemeinde im Stadtteil Mitte übernommen hatte. Sie saßen also an der Infoquelle. Ich glaubte ihnen dennoch kein Wort. Die Ungarn kriegen so was vielleicht auf die Reihe, da ist eh schon halber Westen, aber die FDJ? Niemals.

Drei Tage später erzählte mir Holger aus meiner Klasse, daß er bei unserem landesweiten Jugendradio DT64 angerufen habe und die ihm dort bestätigt hätten, daß Depeche Mode am Montag, dem 7. März, in der Ostberliner Werner-Seelenbinder-Halle ein Konzert geben würden. Ich drehte fast durch. Panik! Adrenalin! Ich mußte nach Berlin! Ich brauchte eine Karte!

Zu Hause angekommen, rief ich noch mal die Götzens in Berlin an. Daniel erzählte mir, daß in ihrer Schule pro Klasse jeweils zwei FDJler eine Karte geschenkt bekommen hätten. Als Auszeichnung sozusagen. Pech für ihn und seinen Zwillingsbruder als alte Depeche-Mode-Fans: Sie waren Pfarrerssöhne und nicht FDJ-Mitglieder. Die Karten in ihrer Klasse hatten zwei Sprallis bekommen, die nix groß mit Depeche Mode anfangen konnten, die die Tickets aber auch nicht rausrückten. Sie kannten aber jemand anders, der für 150 Ostmark seine Karte verkaufen würde. Mit nur einer Karte konnten die Götzens aber nichts anfangen, also boten sie sie mir an. Der Nervenkitzel dabei war, daß die Kartenübergabe erst Montag mittag stattfinden sollte, also wenige Stunden vor Konzertbeginn. Überlegte es sich der Typ noch mal anders, wäre ich umsonst nach Berlin gefahren. Die Konzertkarten waren übrigens nur für die Berliner FDJler. Der Rest der DDR hatte Pech gehabt.

Pikanterweise hatten wir am Montag nachmittag in Lindenau eigentlich das wahnsinnig wichtige Unterrichtsfach »Einführung in die sozialistische Produktion«. Ein kurzfristiger Versuch am Montag vormittag, eine offizielle Freistellung für den Nachmittag zu bekommen, scheiterte jedoch. Diese konnte nämlich nur der ESP-Fachlehrer selbst erteilen. Aber mein Zug fuhr genau zu dieser Zeit. Also Schule schwänzen. Oh, oh, das hatte ich zuvor noch nie gemacht. Kurzes Abwägen, Depeche Mode oder ESP? Was für eine blöde Frage. Ich würde heute nachmittag zum erstenmal Schule schwänzen und mich nicht in die sozialistische Produktion einführen lassen.

Nach dem Mittagessen in der Schule setzte ich mich unauffällig nach Hause ab und zog meine besten Depeche-Mode-mäßigen Klamotten an. Auf dem Hauptbahnhof kaufte ich mir eine Fahrkarte und ging zum

Bahnsteig. Ich hatte noch etwas Zeit, der Zug war noch nicht da. Auf einer Bank saßen bereits zwei Dave Gahans. Ich stellte mich in ihre Nähe. Kurze Zeit später kam ein weiterer Dave Gahan mit zwei weiteren schwarzgekleideten Kumpels und einem Kassettenrekorder auf den Bahnsteig. Er sprach mich sofort an, und wir tauschten die News zum Thema Konzertkarten aus. Endlich – der Zug fuhr ein. Wir nahmen uns zusammen ein Abteil, und natürlich wurde die ganze Fahrt über gefachsimpelt, welche B-Seiten-Songs man kenne, welche Maxi-Versionen, Remixe, Live-Mitschnitte. Ich merkte, er wußte gut Bescheid, offenbar hatte er eine Menge Original-Maxi-Singles zu Hause. Die drei hatten noch keine Karten und wollten versuchen, direkt vor der Halle auf dem Schwarzmarkt welche zu kaufen.

In Berlin angekommen, verabschiedeten wir uns. Sie wollten gleich zur Halle, ich mußte noch nach Mitte zu den Zwillingen. Hoffentlich hatte das mit der Karte geklappt. Auf dem S-Bahnsteig kamen mir wieder zwei schwarzgekleidete Dave Gahans entgegen. Wir grinsten uns an. »Bis heute abend«, grüßten sie mich. Wir waren *brothers in mind*. Endlich aus der S-Bahn raus, endlose zehn Minuten Fußweg bis zum Haus der Götzens-Zwillinge. Klingeln. Markus kam mir in der Hofdurchfahrt entgegen. Jetzt wurde es spannend. »Hat es geklappt?« fragte ich mit letzter Kraft. Augen zukneifen, Luft anhalten, Daumen drücken! »Klar«, sagte er und grinste mich an. JAAA! Erleichterung. In ihrem Zimmer hielt ich wenig später den Schatz in meinen Händen. Meinen Schatz! Die Karte sah potthäßlich aus, von Depeche Mode stand auch nix drauf. Machte nichts, wir wußten Bescheid. »FDJ-Geburtstagskonzert, Eintritt 15 Mark«. Ich bezahlte die 150 Mark, die Daniel zuvor ausgelegt hatte. Eine gigantische Summe für einen Schüler, aber das sollte es mir wert sein.

Nun noch schnell ins Bad, die Haare frisch gestylt, und dann zur Straßenbahn. Die Zwillinge kamen mit bis zur Halle. Sie hatten keine Karten mehr bekommen, und mit den noch schnell eingesteckten 200 Ostmark machten sie sich auch keine großen Hoffnungen, auf dem Schwarzmarkt noch zwei zu bekommen. Alle fünf Minuten kontrollierte ich, ob meine Karte noch da war. Vor der Halle sah ich Massen von Jugendlichen und jede Menge Polizei. Wir verabschiedeten uns, und ich bahnte mir den Weg zum Eingang. Irgendwo tummelten sich auch einige Skinheads. Später stimmten sie ein umgedichtetes Pionierlied an: »Fröhlich sein und singen, Gruftis in die Fresse springen.«

Die Veranstalter hatten dem zu erwartenden Ansturm von kartenlosen Fans vorgebeugt. Zuerst mußte ich durch eine Ordnerkette, dann kam ein Zaun, dann ein großer Stahlzaun, dann der Halleneingang und schließlich der Saaleingang. Endlich war ich drin! Findet hier wirklich heute ein Depeche-Mode-Konzert statt? Wo waren die Geburtstag feiernden FDJler mit ihren blauen Hemden? Ich sah nur Dave Gahans und Martin Gores. Mir wurde klar, in den letzten Tagen mußte es in Berlin eine große Umverteilung der Tikkets gegeben haben. Nur ganz wenige Blauhemden blinkten zwischen den Schwarzgekleideten.

Ich lief wie betäubt rum, gab artig meine Jacke an der Garderobe ab und stellte mich im Saal in die Nähe des Mischpultes. Direkt vor der Bühne war es eng wie in einer Sardinenbüchse. Die Bühnendekoration kannte ich aus der BRAVO, und sie ließ keine Zweifel mehr: Hier fand ein Depeche-Mode-Konzert der aktuellen »Tour for the Masses« statt. Aus den Boxen kam Musik von New Order. Gegen 19 Uhr ging das Licht aus. Die Massen flippten aus. Geschrei ohne Ende. 6000 Leute im Saal. Doch halt! Es gab eine Vorband mit zwei entscheidenden Nachteilen: Sie kam aus dem Osten, und sie kam aus dem Osten. Ihre Musik war deswegen und auch so scheiße. Die wollte niemand hören oder sehen. Spießrutenlauf für die Musiker. Wir riefen ohne Pause: »Depeche Mode!« Jemand warf einen Apfel auf die Bühne. Nach 20 Minuten hatten wir es überstanden. Wieder warten. Ein Moderator kam auf die Bühne. Er sagte, daß es gleich losgehen würde und daß man nicht rauchen dürfe. Letzteres interessierte niemanden. Kurz nach 20 Uhr ertönte das den Fans bekannte Intro »Pimpf« aus den Boxen. Zuerst herrschte eine merkwürdige Stille im Saal, so als ob es noch keiner richtig fassen könne, was jetzt gleich passieren würde. Die Bühne war durch einen Vorhang verdeckt, und man sah die Band zunächst nur schemenhaft. In der Mitte des ersten Songs »Behind the Wheel« verschwand auch dieser, und der Blick auf unsere Idole war endlich frei. Ein ekstatisches Kreischen tönte aus 6000 Kehlen. So eine Gänsehaut hatte ich zuvor noch nie gehabt. Nicht wenige Fans hatten Tränen in den Augen. Depeche Mode und wir – jetzt waren wir endlich unzertrennlich –, zumindest für die nächsten zwei Stunden. »Good evening East-Börlin«, rief Dave in den Saal. Wir rasteten komplett aus. So viel Freude. So viel Glück! Depeche Mode! Bei uns! Und ich mittendrin! Und ohne das

Wissen, welches der ESP-Lehrer heute meiner Klasse vermittelt hatte.

Zum wild Tanzen war kein Platz, dazu standen alle viel zu dicht beieinander. Aber die Hände waren ja noch frei. Alle klatschten zum Takt der Songs, hier war eine gewaltige menschliche Beatbox am Werk. Und Dave sang nicht alleine, denn wir waren ebenfalls textsicher. Pure Energie im Saal. Zwischen den Songs schrien sich Jungs und Mädchen die Seele aus dem Leib. DAAA-AAVE!!!! MAAARTIIIN! Die anderen beiden Mitglieder von Depeche Mode hatten nicht so viele persönliche Fans, aber das waren sie ja gewöhnt. Ich liebte alle vier. Zwei Stunden Volldampf. O Gott, laß es nicht schon vorbei sein. Wir schindeten noch zwei Zugaben raus.

22 Uhr war das Konzert zu Ende. Völlig heiser und benommen taumelte ich aus der Halle Richtung S-Bahn. Ich hatte Depeche Mode live gesehen! Depeche Mode!

Auf dem Bahnhof Lichtenberg entdeckte ich eine Gruppe Fans. Meine drei Zugbekannten aus Leipzig waren auch dabei. Sie hatten vor der Halle für 1400 Mark drei Karten bekommen. Aus ihrem Kassettenrekorder dröhnte ein Live-Mitschnitt des Konzertes, ein Bootleg, sehr begehrt bei Fans. Ich hatte nicht die blasseste Ahnung, wie sie den riesigen Rekorder in die Halle gekriegt hatten. Wir redeten pausenlos vom Konzert, analysierten die Playlist, die Bühnendekoration und natürlich die Band.

Gegen vier Uhr war ich endlich wieder zu Hause in Leipzig, sank glücklich und müde ins Bett und ging drei Stunden später pünktlich zur ersten Stunde. In der

Schule wurde ich von Schülern aller Klassen bestürmt: »Hat es geklappt? Hast du sie gesehen? War das ein richtiges Konzert?« Ich gab natürlich gerne Auskunft, denn ich war stolz auf mich, daß ich es geschaffte hatte: Ich hatte Depeche Mode live gesehen.

Lehrzeit

Im Sommer 1988 hatte ich zehn Jahre Polytechnische Oberschule geschafft. Das Abitur war in der DDR nur den Einsenschreibern und Linientreuen vorbehalten – und ich gehörte weder der einen noch der anderen Gruppe an. Ich hätte damals auch nicht gewußt, was ich hätte studieren sollen, und vor allem war ich froh, nun keinen Russisch- und Chemieunterricht mehr zu haben. Ein Jahr zuvor hatte ich mit etwas Glück den Lehrvertrag für meinen nächsten Lebensabschnitt unterschrieben: Tischler für Dekorationsbau an den Leipziger Theatern. Von nun an würde ich auch mein erstes eigenes Geld verdienen: 120 Mark brutto pro Monat im ersten Lehrjahr. Ich hatte keine Ahnung, was ich mit dem Geld machen sollte, denn ich trank ja keinen Alkohol, und das, was ich mir gerne gekauft hätte, gab es nicht gegen DDR-Geld. Von der Kohle verbrauchte ich im Monat maximal 30 Mark. Damals träumte ich verschwommen von einer späteren Karriere als Bühnenbildner, aber eigentlich nur, weil man da immer so schöne Modelle basteln konnte, und gebastelt hatte ich ja in meiner Kindheit auch schon sehr gern.

Die Ausbildung dauerte zwei Jahre. Jeweils eine Woche waren wir in der Berufsschule KBS Holz »Franz Schubert« außerhalb Leipzigs in einem trostlosen Kaff namens Schkeuditz, die andere Woche sägten und hobelten wir in den Theaterwerkstätten. Unser Ausbildungsjahrgang bei den Theatern zählte zwölf Lehrlinge, acht Jungs und immerhin vier Mädchen. Wer sich nichts unter »Tischler für Dekorationsbau« vorstellen kann, darf auch Kulissenschieber sagen. Wir waren eine recht bunte Truppe. Matthias zum Beispiel war ein Ärzte-Fan. Ihn hatte ich schon 1985 bei meinem letzten Ferienlageraufenthalt kennengelernt. Till trug lange Haare, die zu einem Pferdeschwanz zusammengebunden waren. Er redete ständig von Blues, Joe Cocker, Anarchie und daß es in der DDR scheiße wäre. Seine familiären Westkontakte waren offenbar üppig, was man an seinen Klamotten sehen konnte. Wir hatten auch einen Metaller vom Dorf unter uns, einen Drei-Zentner-Typen. Der hatte die Ruhe weg. Jan und André waren Popper, Discogänger, und trugen hellgelbe Sweatshirts, Stoffhosen und Slipper-Schuhe. Auch mit den vier Mädels verstanden wir uns prima. Schließlich waren wir ja ein »Lehrlingskollektiv«.

Arbeitsbeginn war mitten in der Nacht um 6.45 Uhr. Das hieß für mich, 5.55 Uhr aufstehen, frühstücken, losrennen, um die Straßenbahn 6.16 Uhr zu bekommen, die nicht selten schon 6.14 Uhr vor meiner Nase davonfuhr. Die Bahnen waren um diese Zeit immer zum Bersten gefüllt mit Leuten, die zur Arbeit mußten. Fiel mal eine aus, war die folgende gleich doppelt so voll, und man mußte sich mit viel Mühe selbst reinstopfen. Trotz der Massen von Fahrgästen war es immer auffällig still, weil alle noch müde waren. Nur die Fahrgeräusche der Straßenbahn waren zu hören. Gegen diese akustische Trostlosigkeit zu früher Stunde hatte ich mir von meiner Westoma einen Walkman zum Geburtstag schicken lassen, der mich von nun an auf meinen endlosen Straßenbahnfahrten zur Arbeit und zur Berufsschule begleitete. Wenn ich einmal vergaß, die Batterien aufzuladen, und bereits beim Einsteigen in die Bahn nur noch eine leiernde Kassette hörte, war die schlechte Laune für die nächste Stunde vorprogrammiert.

Die Theaterwerkstätten lagen im Norden der Stadt in einem kleineren Industriegebiet. Der Weg, den ich von der Straßenbahnhaltestelle bis dorthin noch zurücklegen mußte, war so aufregend, wie ich wach war. Manchmal sah man wenigstens einen schönen Sonnenaufgang, der zur melancholischen Musik von Talk Talk in meinem Walkman paßte. Die Theaterwerkstätten befanden sich in einem mehrstöckigen Industriebau, an dem seit den 60er Jahren nichts mehr gemacht worden war. Unsere Lehrwerkstatt, ein langer schmaler Raum, lag im zweiten Stock. Jeder von uns hatte dort eine Werkbank und einen Schrank mit seinem Werkzeug. Mit den Facharbeitern aus der großen Tischlerei teilten wir uns die Maschinen. Diese waren gut 20 bis 30 Jahre alt und verlangten viel Fingerspitzengefühl, wenn man am Ende das geforderte Maß erhalten wollte. In der Hinsicht eine gute Schule.

Immerhin schaffte ich es fast jeden Tag gerade so, 6.45 Uhr an der Werkbank zu stehen. Unser Lehrmeister Herr Jellinek war ein ernst blickender kleiner Mann mit nach hinten gekämmten grauen Haaren und schlesischem Dialekt. Er stand wohl kurz vor der Rente. Auf pünktliches Erscheinen legte er vor allem deshalb wert, weil er jeden Morgen 6.45 Uhr »Meisterbesprechung« hatte und für 20 Minuten verschwand. Vorher mußten alle Lehrlinge am Arbeitsplatz sein. Wir rätselten zwei Jahre lang, was die Meister der Theaterwerkstätten wohl jeden Tag zu so früher Stunde zu besprechen hatten, aber es blieb ihr Geheimnis. Diese offenbar völlig sinnlosen Besprechungen hatten für uns jedoch den Vorteil, daß wir allmorgendlich für 20 Minuten unbeobachtet waren und uns manchmal auf die Werkbank für ein kleines Nickerchen legen konnten. Kam dann der »Alte«, hieß es, Geschäftigkeit vortäuschen bis zur Frühstückspause, dann bis zur Mittagspause und dann bis zum Feierabend gegen 16 Uhr.

Das Arbeiten mit Holz war schon nicht schlecht. Aber durch das zeitige Aufstehen hatten einige von uns, inklusive mir, erhebliche Motivationsprobleme. Man wollte lieber seine Ruhe haben. Also suchte man nach Alternativen zu den gestellten Aufgaben. Das Haus hatte vier Etagen, wo es überall was zu sehen gab. Oben unterm Dach lag der hellerleuchtete Malsaal. Dort wurden die Kulissen angestrichen. Außerdem war das der einzige Arbeitsbereich im Haus, wo ein Radio lief, meistens RIAS Berlin. Bestimmt wäre unser Arbeitseifer größer gewesen, wenn auch wir hätten Radio hören können, besonders Westsender, aber der »Alte« war eben ein Alter und erlaubte es uns leider nicht. Manchmal begegnete man im Treppenhaus oder im Pausenraum dem Chef von der Rüstmeisterei, wo sie die pyrotechnischen Effekte herstellten. Er sah aus wie Lemmy, der Sänger der englischen Heavy-Metal-Band »Motörhead«, also ein wenig zum Fürchten. Aber die Ähnlichkeit verblüffte uns immer wieder.

Viel Zeit konnte man außerdem ganz offiziell vertrödeln, wenn man auf »Materialsuche« ging. In einer großen Halle im Erdgeschoß wurden die alten, »abgespielten« Kulissen nicht einfach in den Container gekloppt, sondern wegen der notorischen Materialknappheit wieder auseinandergenommen und das Holz, befreit von Stoff und Nägeln, in Regale einsortiert. An diesen Regalen konnte man dann endlos viel Zeit zubringen, um passende Holzstücke zu suchen.

Die Berufsschule am anderen Ende der Stadt war eine alte umgebaute Dorfschule. Warum sie nach dem Komponisten Franz Schubert benannt worden war, weiß ich bis heute nicht. Dort angekommen, erwarteten einen die scheinbar endlosen Unterrichtsfächer Technisches Zeichnen, Werkstoffkunde und Maschinenkunde. Absoluter Höhepunkt war das Fach Sozialistische Produktion. Unsere Lehrerin machte einen furchtbar übermotivierten Eindruck, als ob sie jeden Morgen kalt geduscht und zwei Liter Kaffee getrunken hätte. »Arbeitszeit ist Leistungszeit!« rief sie uns freudestrahlend entgegen und klatschte dabei in die Hände. Wir hingegen hatten mit dem Schlaf zu kämpfen. Was wollte diese Frau mit ihrem endlosen Phrasengedresche nur von uns? Während sie redete, entschwebte einem der eigene Geist, ihre Stimme wurde leiser und undeutlich, die Augen gehorchten einem nicht mehr und fingen an zu schielen, so daß man nicht mehr das lesen konnte, was man soeben aufgeschrieben hatte. Doch bevor der Kopf sanft auf der Schulbank landen konnte und die Augenlider sich schlossen, wurden wir mit einem »Los, los! Arbeitszeit ist Leistungszeit!« zur Erledigung der nächsten Aufgabe gedrängt.

Im zweiten Lehrjahr wurde unsere Ausbildung um einiges interessanter: Wir kamen an die Leipziger Oper mitten in der Innenstadt. Als wir am ersten Tag artig 6.45 Uhr am Personaleingang standen, mußten wir auf unseren Lehrausbilder, einen vollbärtigen Gemütsmenschen mit leichtem Berliner Dialekt, bis weit nach sieben Uhr warten. Er nahm uns mit ins »Lehrkabinett«, einen fensterlosen Raum im Kellergeschoß. Das erste, was er uns erklärte, war, daß es ab morgen immer erst acht Uhr losgehen würde, weil an der Oper alle Bühnentechniker erst um acht Uhr kommen würden. Wir schauten uns sprachlos an. Konnte es wahr sein? Hier waren wir richtig. Anschließend wurden wir im Haus herumgeführt. Bühne, Seitenbühnen, Schnürboden, Unterbühne, riesige Lastenfahrstühle – eine interessante Welt, die sich uns eröffnete. Dann wurden wir verschiedenen Abteilungen zugeteilt, den Kulissenschiebern oder dem Schnürboden. Schnell merkten wir: Wer hier arbeitete, war absolut cool. Einer wurde von allen nur »Stalin« genannt, obwohl er eher wie Kaiser Wilhelm II. aussah. »Leo« war der Kräftigste von allen und trug alleine schwerste Kulissenteile, an denen wir Lehrlinge uns zu viert abmühten. Ein anderer kräftiger Mittvierziger sang unter der Dusche italienische Opern mit einer Stimme, die einige der Solisten neidisch werden ließ.

Die absolute Freakshow waren jedoch die Leute vom Magazin. Die Oper hatte eine riesige Durchfahrt mit angrenzenden Lagerräumen für Kulissen. Was gebraucht wurde, luden die drei hageren Männer vom Magazin in die Lastenaufzüge und fuhren diese hoch. Die drei mit ihren dicken Brillen hatten, vorsichtig ausgedrückt, keine höhere Schulbildung genossen. So hatten sie die Kommunikation mit ihrer Umwelt auf einige wenige Wortgruppen effektiv reduziert. »Masse, Männer!« schrien sie über die Bühne, wenn sie einen Fahrstuhl voller Kulissenteile hochgefahren hatten. Waren die schwer, bekamen wir noch den Hinweis »Iss okssch!«, was soviel bedeuten sollte, daß das Zeug schwer wie ein Ochse war. »Eene an!« hieß, daß man jetzt eine Zigarettenpause machte, »Eene off!« bedeutete Bierpause. Für alle anderen Lebenslagen hörten wir noch: »Bessor isses, aldor Freund!« Ich schwöre, mehr haben die Typen nicht gesagt! Meister der Rationalisierung, zumal dennoch alle immer verstanden, was sie gerade meinten.

Nicht uninteressant waren abends die Vorstellungen, bei denen wir mitarbeiteten, wenn wir Spätschicht hatten. »Carmen«, »Zauberflöte«, »Hänsel und Gretel« – die Liste war lang, und mein Bedarf an Opernmusik ist für den Rest meines Lebens gedeckt. Die Ballettmädels erschienen mir ziemlich unterernährt, und nur die älteren Bühnenhandwerker schauten ihnen verträumt beim Tanzen zu.

Ein lustiges Spektakel bot sich, wenn die Vorstellung gegen 22.30 Uhr zu Ende, offizieller Dienstschluß aber erst 24 Uhr war. Alle wollten noch in der Kantine ein gepflegtes Bier trinken gehen. Diese machte jedoch 23.30 Uhr zu. Also hieß es, sich beeilen. Alle wußten: Wenn die Bühne frei ist, ist Feierabend. Kaum war der Applaus verklungen, stürzten alle Arbeiter auf die Bühne, um den Abbau der Kulissen noch vor Ausschankschluß zu schaffen. Da rannte man im Dauerlauf zu zweit mit fünf Meter hohen Wänden in die Magazine, warf sich die Teile zu; alles schrie, fluchte, lachte. Ganz nebenbei lief noch der interne Wettbewerb, welche Seite der Bühne von der jeweiligen Brigade zuerst frei geräumt war. Ein lautes »Links ist!« oder »Rechts ist!« kürte dann den Sieger des Abends. Wir Lehrlinge rannten natürlich fleißig mit und wunderten uns über soviel Arbeitsmotivation in einem sozialistischen Betrieb, der die Oper ja trotz alledem war. Jedenfalls war nach 20 Minuten alles weggeräumt, worauf man unten in der Kantine beim Bier saß, und das noch während der Arbeitszeit.

Born in GDR – Die anderen Bands

Lange Zeit war ich völlig auf westliche Bands fixiert gewesen. Zum Live-Konzert einer Ostband zu gehen wäre mir nie in den Sinn gekommen. Doch je mehr wir uns in der Clique für Independent- und Punkmusik interessierten, desto mehr hörten wir davon, daß es auch solche Bands in der DDR gäbe. Eines Tages erfuhren wir, daß in unserem Connewitzer Kino am Wochenende ein Punkkonzert stattfinden würde. Im Kino? Nun, in der DDR war vieles möglich, warum nicht ein Punkkonzert an einem solchen Ort. Bislang hatte ich dort nur Filme wie »Freibeuter der Meere« und »Beat Street« gesehen. Ich war gespannt, ob das wirklich stimmte.

Thümi und ich trafen uns an besagtem Abend und liefen auf der Karl-Liebknecht-Straße gen Connewitz. Und tatsächlich: Vor dem Eingang wartete bereits ein illustres Publikum, ganz anders als das, welches man sonst dort bei Filmvorführungen antraf. Die Typen waren meist älter als wir, bunt frisierte Punks und Leute im New-Wave-Outfit. Fast fühlten wir uns als Teenies etwas deplaziert bei so vielen coolen Szenetypen, aber wir fanden es trotzdem irgendwie toll. Drinnen nahmen wir artig in den Kinosesseln Platz. Getränke konnte man nicht kaufen, wir waren ja in einem DDR-Kino, aber erfahrene Konzertgänger hatten vorgesorgt und holten das eine oder andere Bier aus ihren Rucksäcken hervor. Die anwesenden Platzanweiser versuchten noch einige Zeit, das Rauchverbot durchzusetzen, hatten jedoch besonders bei den Punks keinerlei Erfolg und gaben schließlich genervt auf. Dann endlich kam »Zorn« auf die Bühne, eine Punkband aus Leipzig. Ihre Musik war laut und ihre Texte ziemlich zornig, daher wohl der Name. Wo zwischen den Stuhlreihen und vor der Bühne noch Platz war, wurde wild Pogo getanzt. Wir saßen weiter brav auf unseren Plätzen, waren aber von der Action vorne schwer begeistert, was man vom älteren Kinopersonal eher nicht sagen konnte. Für sie war es offenbar der totale Kulturschock, ihre Gesichter sprachen Bände.

Uns öffnete sich mit den in Leipzig immer öfter stattfindenden Konzerten von jungen »Underground«-Bands eine völlig neue Welt. Wir entdeckten, daß es bei uns Bands gab, die mit dem alteingesessenen DDR-Rock absolut nichts am Hut hatten und Musik machten, die uns wirklich ansprach. Allein ihre Namen wie »AG Geige«, »Wartburgs für Walter« oder »Die Freunde der italienischen Oper« fanden wir sehr erfrischend.

Anfang der 80er Jahre wurden Punkbands und deren illegale Konzerte in Kirchen und Proberäumen noch von Polizei und Stasi massiv verfolgt, die Mitglieder schnell eingeknastet. Mit den Jahren gewährte man solchen Bands dann aber doch einige Freiräume, soweit sie sich an gewisse Spielregeln hielten, also eine Auftrittserlaubnis hatten und keine erkennbaren staatsfeindlichen Texte sangen. Daraus entwickelte sich mit der Zeit eine eigene Bandszene, »Die anderen Bands« genannt. Musikalisch ging die Spannbreite von kompromißlosem Drei-Akkorde-Punk über düsteren New Wave, melancholischen Gitarrenpop bis hin zu experimenteller elektronischer Musik. Erdacht und gespielt von jungen Leuten ohne irgendwelche Wurzeln in den bekannten DDR-Bands, die sich meist das Spielen ihrer Instrumente selbst beigebracht hatten. Diese Öffnung zum individualisierten Band-Underground war nicht unbedingt als Zeichen einer beginnenden Liberalisierung der Kulturpolitik anzusehen. Vielmehr hofften vor allem die FDJ-Bonzen, durch ein Unterstützen solcher »anderen Bands« einen Teil der für sie in den 80ern abtrünnig gewordenen DDR-Jugendlichen wieder an sich binden zu können. Eine Hoffnung, die sich im übrigen nicht erfüllen sollte. Die Auftrittsmöglichkeiten, die die Jugendclubs nun anboten, wurden natürlich trotzdem ausgiebig genutzt, aber dankbar war der FDJ deswegen keiner.

Besonders 1988 und 1989 gingen wir mit unserer Clique fast jedes Wochenende zu solchen Bandauftritten. Ständig war irgendwo ein Konzert. Im »Regina«-Kino im Leipziger Osten, im Kino »Connewitz«, in Jugendclubhäusern wie dem »Erich Zeigner«, auch bekannt als »Eiskeller«, in Schulturnhallen, in Kirchen, auf Partys. War in Leipzig nix los, konnte man zu Veranstaltungen in umliegende Städte fahren. Die Termine wurden durch die perfekt funktionierende Mundpropaganda verbreitet.

Schwer beeindruckt war ich von einer Leipziger Band namens »Die Art«, die schönen melancholischen Indie-Pop spielte. Zu meiner absoluten Lieblingsband aus dieser Ecke entwickelte sich hingegen »Die Vision« aus Ostberlin. Nicht nur vom Namen her erinnerten sie an Joy Division aus England. Sie avancierten geradezu zu den Superstars der »anderen Bands«. Die Demotapes, die sie auf ihren Konzerten verkauften, waren sogar BASF-Kassetten. Ostberlin war eben noch mal eine andere Liga als die Messestadt Leipzig. Den Platz an der Spitze mußte sich »Die Vision« noch mit »Sandow« aus Cottbus teilen, deren Song »Born in GDR« geradezu zur Hymne des »Ost-Underground« avancierte.

Die »anderen Bands« machten mir schlagartig klar, daß man nicht nur die westlichen Stars auf den Postern anhimmeln sollte, sondern daß man auch mal versuchen konnte, selbst Musik zu machen. Nachdem ich als Kind immer Bäcker werden wollte, glaubte ich ja seit der 4. Klasse, der geborene Musiker zu sein, ohne daß ich dieser Berufung gefolgt wäre. Mein späterer Versuch, Klavier zu lernen, verebbte nach einiger Zeit wieder aufgrund der fehlenden Motivation zu üben.

Die ersten Versuche in dieser Richtung ähnelten denen einer Boy-Band. Das bedeutete, daß wir weder Songs schrieben noch Instrumente spielen konnten. Was wir machten, war ein schönes kleines Schwarzweißposter. Zu unserer »Band«, die wir 1987 gründeten, gehörten die Götzens-Zwillinge, Nauni und ich. Wir machten ein schickes Foto von uns vieren auf einem Simson-Motorroller, auf das ich in eine Ecke den BRAVO-Schriftzug klebte. Drunter kam noch unser Bandname: »The Dessous«. Mit dieser Vorlage ging ich während der Leipziger Messe an den Stand einer Westfirma, die Kopierer ausstellte. Manchmal kopierten sie mitgebrachte BRAVO-Seiten ab, waren jedoch des Ansturms wegen schon ganz schön genervt. Als ich der Standhilfe trotzdem meine Vorlage zeigte, brach sie in schallendes Gelächter aus und kopierte mir gleich 20 Stück davon in A4-Größe. Diese verteilten wir dann im Bekanntenkreis. Man erzählte sich später, daß es einige von unseren Postern wirklich bis an die Zimmerwände einiger Mädchen im Leipziger Süden geschafft hatten. Nun wußten wir, es war offenbar gar nicht so schwer, Popstar zu werden.

Nachdem »The Dessous« es nur zu einem Poster gebracht hatten, unternahm ich, angespornt durch zahllose Konzertbesuche, Anfang 1989 einen neuen Anlauf. In der Kirche, wo ich noch immer zur Jungen Gemeinde ging, schlummerten seit geraumer Zeit in einem Abstellraum die Instrumente einer aufgelösten Kirchen-Band. Diese küßten wir wieder wach und bekamen die Erlaubnis, im Gemeindehaus zu proben. Ich selbst hatte mir in grenzenloser Selbstüberschätzung den Part des Sängers zugedacht. Fehlten nur noch Musiker. Da fiel mir Ärzte-Fan Matthias aus meiner Lehre ein. Ich wußte, daß er mal Gitarrenunterricht bekommen hatte, und er sagte natürlich sofort zu. Auch Rüdi aus unserer Clique hatte ich schon mal mit einer Gitarre gesehen. Das war vor vielen Jahren bei einem Elternabend gewesen, als unsere Klasse ein Kulturprogramm aufführte und Rüdi ein Lied vorspielen mußte. Ich rief ihn an, ob er Interesse an einer Band und einer Baßgitarre habe, und er war begeistert. Für das Schlagzeug fanden wir ein Mädchen aus unserer Clique, nämlich Geertje, die seit einiger Zeit Unterricht nahm.

Schon unsere erste Probe fanden wir total spitze. Fortan nannten wir uns »Parole Emil«. Keine zwei Wochen später hatte ich schon unser erstes Band-Shirt gemalt, kurze Zeit darauf die ersten Band-Plaketten gebastelt. Meine Madonna-Anstecker nahm ich vorsichtig auseinander und setzte statt ihrem sexy Bild unseren Bandnamen ein. Im Frühsommer reiste Geertje traurigerweise mit ihren Eltern für immer nach Hamburg aus. Zum Glück fanden wir schnell Ersatz: Enny war ein alter Schulkumpel der Götzens-Zwillinge und ein junger Gott auf seinem Schlagzeug, das er sich vom Sperrmüll zusammengetragen hatte. Musikalisch brachten wir es auf den typischen Drei-Akkorde-Schülerpunk, aber wir fanden uns großartig. Das war wie Verliebtsein. Man wachte auf und freute sich auf alles, was der Tag bringen mochte, denn man wußte: »Ich spiele in einer Band mit.« Es gab nichts Cooleres. Matthias verpaßte sich kurze Zeit später einen schicken Iro-Haarschnitt und einen punkigen Spitznamen: Schabe.

Von unserem ersten Auftritt Mitte September bei einem Junge-Gemeinde-Tag in unserer Kirche machten wir gleich einen Live-Mitschnitt, den wir dann auf Kassetten vervielfältigten. Das Cover kopierten wir bei der Arbeitsstelle meiner Mutter, wo seit einigen Monaten einer der immer noch wahnsinnig seltenen Kopierer stand. Jede junge Band im Osten, die damals etwas auf sich hielt, machte ein Tape. Nun hatten auch wir eins – wie geil. In Ermangelung neuer Kassetten überspielten wir kurz entschlossen alle unsere alten Kinderhörspielkassetten. Auch meine »Wie die Schlümpfe Schlagerstars wurden«-Kassette wurde so unwiederbringlich gelöscht.

Kriegsspiele Vol. 2

Musterung! Im Frühjahr 1989 zog ich die Aufforderung zur Tauglichkeitsuntersuchung für die Nationale Volksarmee aus dem Briefkasten. Es war natürlich illusorisch, aber irgendwie hatte ich schon gehofft, daß sie mich vergessen würden. Musterung. War ich wirklich schon so alt? Was für Geschichten es darüber zu hören gab. Da sollten einem die Ärzte an die Eier fassen, um irgend etwas zu diagnostizieren, und man mußte in einen Becher pissen. Außerdem wurde man stundenlang von den Politoffizieren in einer Art Kreuzverhör unter Druck gesetzt, damit man sich »freiwillig« als Berufssoldat für mindestens zehn Jahre verpflichtete, statt nur lächerliche anderthalb Jahre Grundwehrdienst abzuleisten.

An einem Mittwoch im April hatte ich um 8.30 Uhr meinen Musterungstermin. Ort des Geschehens war nicht etwa eine Kaserne oder ein Wehrkreiskommando, vor dessen Tor ein schwerbewaffneter Posten mit versteinerter Miene Wache schob und einem den Eindruck vermittelte, man ginge in den Knast. Nein, ich stand vor einem alten Ladengeschäft in einem trostlosen Eckhaus im Leipziger Osten. Ich dachte erst, ich hätte mich in der Hausnummer geirrt.

Drinnen mußte man seinen Personalausweis an einem Schalter abgeben und dann in ein Wartezimmer treten. Die Untersuchung war schnell überstanden, und meine Eier wollte glücklicherweise niemand anfassen. Natürlich habe ich sie auch nicht daran erinnert.

Ich versuchte die ganze Zeit, einen schön krummen Rücken zu machen, und der Arzt notierte sich plangemäß meinen »Rundrücken«. Vielleicht schmälert das meine Attraktivität für den Dienst bei der NVA, dachte ich mir.

Nach dieser Prozedur kam ich in ein ganz, ganz schmales Büro mit zwei Typen in Stasi-Zivil, also häßlichen DDR-Klamotten, und kurzen NVA-Frisuren, die den typischen ernsten DDR-Staatsorgane-Gesichtsausdruck aufgesetzt hatten. Wir saßen quasi hintereinander, aber für einen Schreibtisch hatte der Platz noch gelangt. Sie fragten mich sogleich, ob ich nicht drei Jahre zur NVA gehen wolle.

Was, nur drei Jahre? schoß es mir durch den Kopf. Bin ich euch nicht gut genug für eine Karriere als Berufsoffizier? Aber ihr wißt ja gar nichts von meinem Joker, den ich hier in meiner Tasche habe.

Ich angelte eine zu Hause abgefaßte handschriftliche Erklärung aus meiner Tasche und gab bekannt, daß ich aufgrund meiner christlichen Weltanschauung den Dienst bei den Bausoldaten vorzöge. Den Text in feinstem DDR-Juristen-Deutsch hatte ich mir Tage zuvor via Telefon von einem Pfarrer geben lassen:

Betrifft Ableisten meines Wehrdienstes als Wehrersatzdienst in den Baueinheiten der NVA

Hiermit erkläre ich, daß ich aus Glaubens- und Gewissensgründen mich nicht in der Lage sehe, meinen Wehrdienst mit der Waffe zu leisten. Deshalb werde ich auf gesetzlichem Weg (Gesetz über die Aufstellung von Baueinheiten 7. 9. 1964) meinen Wehrdienst bei den Baueinheiten leisten.

Auch ohne die kommenden Ereignisse des Herbstes 1989 vorauszusehen, war es zu diesem Zeitpunkt keine besondere Heldentat mehr, sich zu den Bausoldaten zu melden. Bausoldaten waren im Grunde ja sowieso nichts anderes als normale NVA-Soldaten, nur eben ohne Ausbildung an der Waffe. Die schikanöse Grundausbildung war die gleiche. Besonders in den Braunkohletagebauen und maroden Industriekombinaten wurden immer wieder Bausoldaten eingesetzt. Der Staat hatte diesen »Ersatzdienst« in erster Linie für solche Softies wie mich bereits in den 60er Jahren eingeführt, damit man international Eindruck schinden konnte. Es war ein kleiner »Freiraum«, den man nur nutzen mußte, denn dies war ja nicht ungesetzlich. Natürlich sprach man in der DDR-Öffentlichkeit nicht über die Bausoldaten, schließlich wollte man, daß alle zur richtigen NVA gingen.

Ich war auf eine längere Diskussion über meine Absichten gefaßt, aber statt dessen nahmen sie meinen Wisch entgegen, fragten noch nach der Adresse meiner Kirchgemeinde und schickten mich wieder ins Wartezimmer. Gleich sollte es zu einem weiteren Gespräch vor der Musterungskommission kommen. Also war noch nicht alles überstanden?

Nach kurzer Zeit rief man mich auf. Jetzt würde das Schauspiel also beginnen. Die Agitation. Die Überredung. Das Verhör. Der Raum, den ich nun betrat, war um einiges größer als das vorhergehende Büro mit den beiden Typen. Im Hintergrund die obligatorischen DDR-Fahnen und eine Tischreihe, an der die Musterungskommission saß. Blümchentapete. Uniformierte und Uniformierte in Zivil. Der Vorsitzende gab mir mit gelangweiltem Gesichtsausdruck (zu meinem größten Bedauern) bekannt, daß ich wehrfähig sei. UND? Dann fragte er sogleich, ob ich nicht auch bereit wäre, drei Jahre zur Armee zu gehen.

Ignorierte der etwa meine soeben im Nachbarzimmer abgegebene Erklärung? Ich war verunsichert, spulte aber ganz tapfer meinen Text ab: »Nein, ich möchte mich nicht für drei Jahre verpflichten, weil ich aufgrund meiner christlichen Weltanschauung meinen Dienst in der NVA bei den Baueinheiten ableisten werde.« Verstörte Blicke. »Ja, sind Sie denn nicht der Andreas Neumann?« – »Nein, ich bin der Alexander Lange.« Kurzes Rascheln in den Akten, bis meine Unterlagen wieder auftauchten. Der Offizier schaute kurz auf die Papiere: »Gut, geht in Ordnung. Auf Wiedersehen.«

Was, das war's schon? Keine Agitation? Kein Kreuzverhör? Ich verabschiedete mich hastig und verließ den Raum, bevor die es sich noch mal anders überlegten. Draußen holte ich mir bei dem Schalter wieder meinen Ausweis zusammen mit meinem nagelneuen Wehrpaß ab. Die Blechmarke war auch schon mit dabei, falls es doch noch mal ernst werden sollte. Sehr komisches Gefühl. Aber immerhin hatten die drinnen keinen Streß gemacht wegen der Bausoldatengeschichte. Sicherlich waren sie des Diskutierens müde. Generationen redegewandter Theologiestudenten und anderer Überzeugungschristen hatten mir den Weg geebnet. Darum war ich jetzt schon ein wenig erleichtert. Außerdem wußte ich, daß sie die Bausoldaten gerne erst mit Mitte Zwanzig einberiefen, weil sie dann oftmals schon Familien hatten und man sie so besser ärgern konnte. So hatte ich ja noch einige Jahre Schonfrist vor mir.

Thümi war zwei Stunden nach mir am selben Ort zur Musterung bestellt. Seine Bekanntgabe, daß er zu den Bausoldaten wolle, kam nicht so gut bei der Musterungskommission an, weil er vergaß, den Christen-Joker auszuspielen, wie ich es gemacht hatte. Sie glaubten, ihn noch umstimmen zu können. So mußte er ein endloses Kreuzverhör über sich ergehen lassen, welches er dann auf seine typische Art beendete: »Also, mir wird das hier alles zuviel, ich gehe jetzt erst mal eine rauchen.« Danach ergaben sie sich. Diese Schlacht hatte Thümi ganz alleine gewonnen.

Während wir also auf unsere Einberufung noch einige Jahre warten durften, wurde uns diese Zeit an unserer Berufsschule mit der »Vormilitärischen Ausbildung« verkürzt, ähnlich wie in der 9. Klasse. Die Teilnahme an der VMA war sogar Bestandteil des Lehrvertrages. Dazu mußten wir zu Beginn unserer Lehrzeit alle in die »Gesellschaft für Sport und Technik« eintreten, die Freizeit-Nachwuchsschmiede für die NVA und andere »bewaffnete Organe« der DDR. Das wollte ich eigentlich überhaupt nicht, aber auf meine Nachfrage, ob es denn wirklich sein müsse, erklärte uns der Berufschullehrer, daß wir sonst bei der Vormilitärischen Ausbildung nicht versichert wären, wenn mal ein Unfall passieren würde. Wer konnte solchen Argumenten schon etwas entgegensetzen? So wurde also auch ich GST-Mitglied, obwohl ich absolut kein Interesse an Sport und Technik hatte. Die einzige Technik, die mich interessierte, war mein Sharp-Kassettenrekorder. Aber solches Wissen, wie man Kassetten mit Musik westlicher Bands überspielte, wurde bei der GST leider nicht vermittelt.

Glücklicherweise blieb mir auch diesmal das Wehrlager erspart. Unsere gesamte VMA fand an unserer Berufsschule in Schkeuditz statt. Zu diesem Zwecke gingen eines Morgens alle Berufsschulklassen ins nahe gelegene Kino. Unser Direktor hielt eine salbungsvolle Rede. Er erklärte uns im besten sächsischen Dialekt, daß wir in dieser Woche keine Lehrlinge seien, sondern »Kameraden«, so wie bei der Nationalen Volksarmee. Anschließend schauten wir uns einen Propagandafilm unserer NVA an. Ich bekam davon nicht viel mit, weil mir »Kamerad« Till die Texte einer Ton-Steine-Scherben-Platte aus den 70er Jahren vortrug, wo es um besetzte Häuser und Bonzenschweine in Westberlin ging. In einem Song hieß es: »Wir müssen hier raus! Das ist die Hölle!« Welch passender Soundtrack für unsere VMA-Woche. Ich überspielte mir die Kassette gleich am nächsten Tag.

Nach dem Film bekamen alle Lehrlinge und Lehrer in unserer Berufsschule eine graugrüne GST-Uniform. Sah ziemlich scheiße aus. Überhaupt schien die ganze Sache für die Lehrer ein Retrotrip in ihre NVA-Zeit zu sein. Als ich mal einen Blick ins Lehrerzimmer warf, sah ich Unmengen von Schnapsflaschen auf dem Schreibtischen stehen. Diese waren bestimmt nicht für den Altstoffhandel dort abgestellt worden. Alle wußten, daß bei der NVA immer viel gesoffen wurde. Anders konnte man die Armeezeit wohl nicht überstehen.

Ende der 70er Jahre besuchte ich mal mit meinem Vater einen seiner Arbeitskollegen vom Kabarett, der zum Reservedienst eingezogen war, in einer Leipziger Kaserne zum »Tag der offenen Tür«. Natürlich sollten wir ihm Alkohol mitbringen, was selbstverständlich absolut verboten war. Mein Vater hatte in seinem Mantel eine Pulle Westschnaps versteckt, in meiner Jakkentasche verbarg sich ein »Schlucki«. Die Übergabe des Schmuggelgutes erfolgte in der Kaserne auf dem Klo. Anschließend schauten wir uns noch Panzer an.

An unserer Berufsschule hatten wir die »Wahl« der Ausbildung: entweder Mot-Schütze, also Infanterie, oder Militärkraftfahrer. Natürlich wollte ich weder motorisierter Schütze noch Militärkraftfahrer werden. Ich war ja eigentlich nur an dieser Berufsschule, um Tischler zu lernen. Die Ausbildung zum Militärkraftfahrer war bei Lehrlingen jedoch sehr beliebt, weil man so seine Fahrerlaubnis für wenig Geld ohne DDR-typische Wartezeiten machen konnte und außerdem gleich noch den LKW-Führerschein bekam. Die Lehrer sagten uns noch, daß vor allem die Leute mit Wohnsitz in Leipzig »MKF« werden sollten, weil die Jungs aus den umliegenden Ortschaften zu lange Anfahrtszeiten für die Fahrstunden hätten. Auch wenn nicht absehbar war, daß ich mir innerhalb der nächsten zehn Jahre ein Auto kaufen könnte, wollte ich schon gerne die Fleppen haben. Also kreuzte ich »Militärkraftfahrer« an.

Im Frühsommer 1989 war noch keinesfalls absehbar, was im Herbst außer Blättern noch so alles von den Bäumen fallen würde. Aber aus der sich immer mehr verbreitenden Respektlosigkeit gegenüber dem Staat entwickelte sich verstärkt partielle Aufmüpfigkeit. Von den etwa 80 Lehrlingen hatten, mich eingeschlossen, drei einen christlichen Hintergrund. Vor Beginn der Vormilitärischen Ausbildung gaben wir bekannt, daß wir an der als Höhepunkt deklarierten Schießausbildung mit echten Kalaschnikows nicht teilnehmen würden. Wir beriefen uns dabei etwas unverschämt auf den Status der

Bausoldaten in der DDR und beanspruchten das auch für uns. Unser Direktor bat uns daraufhin zum Gespräch. Für diesen Fall gab es offenbar keine gesetzliche Regelung. Erstaunlicherweise zeigte er sich »tolerant«, schließlich waren zwei der ihm unterstellten Lehrer-Kollegen auch bekennende Christen, und er versuchte nicht ernsthaft, uns umzustimmen oder uns mit irgendwas zu drohen. ABER: »Das mit der Ausbildung zum Militärkraftfahrer wird nun nichts.« – »Warum?« fragten wir. Die Antwort unseres Direx: »Auch der Militärkraftfahrer muß sein Fahrzeug mit der Waffe in der Hand verteidigen können. Das Gewehr gehört zur Ausrüstung eines MKF dazu, und wenn man nicht schießen lernen will, kann man auch kein Militärkraftwagenfahrer werden. Statt dessen werdet ihr Mot-Schütze.«

Wir fragten, etwas erstaunt über seine Logik: »Aber als Infanterist wird man doch auch an der Waffe ausgebildet.«

Die Antwort kam prompt: »Wenn das dran ist, macht ihr einfach was anderes. Guten Tag!«

Aha.

Ich muß sagen, deshalb bin ich schon noch ein wenig sauer. So entging mir der Führerschein inklusive LKW-Fahrerlaubnis für etwa 100 Ostmark. Statt dessen habe ich zwei Jahre später für über 2000 DM bei einer privaten Fahrschule in Leipzig meine Fleppen machen müssen. 2000 Westmark! Was für eine Geldverschwendung. Ich muß also im nachhinein feststellen, daß ich mir im Frühjahr 1989 meine »Zivilcourage« für 2000 Westmark erkauft habe. Ein teurer Spaß. Ich sollte bei irgendeinem SED-Opferverband einen Antrag auf Entschädigung stellen.

Montagsdemos

Demonstrationen hat Leipzig schon viele erlebt. Zu DDR-Zeiten natürlich auch. Besonders zum 1. Mai. Da sammelten sich in aller Herrgottsfrüh die Mitarbeiter der Betriebe, der Theater, der Universität und alle Schüler und Lehrlinge der Stadt in den Seitenstraßen des Stadtzentrums und warteten wie Statisten auf ihr Zeichen, daß sie sich zu einem Demonstrationszug auf dem Leipziger Ring, einer mehrspurigen Straße, welche die Leipziger Innenstadt umschließt, formieren sollten. Erscheinen war mehr oder weniger Pflicht, beziehungsweise unentschuldigtes Fehlen machte gar keinen guten Eindruck. Dann hielt man die vorher bei der Arbeit oder in der Schule hergestellten und genehmigten (!) Transparente in die Höhe und marschierte, von Süden kommend, auf dem Ring in Richtung Hauptbahnhof. Gegenüber der Oper war eine Tribüne aufgebaut, auf der die Leipziger Repräsentanten der SED und der anderen Massenorganisationen der DDR mild lächelnd den Jubel der vorbeiziehenden Bevölkerung entgegennahmen. Entlang der Demoroute standen Lautsprecher, aus denen Marschmusik ertönte, und eine blecherne Stimme grüßte die Gruppen, die gerade an der Tribüne vorbeiliefen. Das hörte sich dann etwa so an: (Marschmusik im Hintergrund) »Wir grüßen die Schülerinnen und Schüler der Leipziger Polytechnischen Oberschulen. Seite an Seite mit euren Lehrern kämpft ihr mit Fleiß und guten Noten für den Frieden und das Wohl der DDR. Macht mit beim Ernst-Thälmann-Aufgebot der FDJ!« und so weiter. Dazu winkten die Leute auf der Straße den Bonzen auf der Tribüne zu, und die Bonzen winkten zurück.

War man an denen vorbei, begann ein ganz anderes Schauspiel: Die Demo lief sofort auseinander. Die Leute hatten ihre Pflicht und Schuldigkeit getan und wollten schnell nach Hause. Wohin aber mit den Fahnen und Transparenten, die man eben noch tragen mußte? Einige Betriebe hatten für ihr Kontingent an Winkelementen schnell Kleintransporter herbeigeschafft, um ein Müllchaos zu verhindern. Wir Schüler hatten jedoch Pech, wenn sich nicht schnell ein Lehrer fand, der diese Bürde auf sich nahm. Einmal trugen wir alle große Pappschilder mit aufgemalten UdSSR-Luftpostbriefen, die wir auf der Demo hochhalten mußten, weil unsere Schule damit zeigen wollte, daß wir Brieffreundschaften mit Schülern aus der UdSSR pflegten. Überhaupt nicht gepflegt wurden nach Demo-Ende jedoch diese Schilder. »Hier, halt mal kurz, ich muß mal meinen Schnürsenkel zubinden«, wurde ich von Matze gebeten. Schwups hatte ich sein Schild in der Hand, und er war weg. Aber ich fand zum Glück jemanden, der den Trick noch nicht kannte …

Neben diesen offiziellen Aufmärschen gab es in Leipzig aber auch immer wieder nicht genehmigte Demos. Am 17. Juni 1953 natürlich, und 1965 protestierten etwa 800 Jugendliche gegen das Verbot zweier beliebter Leipziger Beat-Bands. Beim sinnlosen Abriß der Universitätskirche 1968 war ebenfalls einiges los. Wenn zu den Frühjahrs- und Herbstmessen viele westliche Journalisten und Fernsehteams in der Stadt waren, posierten in letzter Zeit auch gerne einige Ausreisewillige lautstark auf dem Nikolaikirchhof nach den Friedensgebeten vor laufenden Westkameras, um so schneller von den Behörden aus der DDR rausgeschmissen zu werden.

Das Jahr 1989 fing bereits im Januar mit einer nicht angemeldeten Liebknecht-Luxemburg-Demo in der Leipziger Innenstadt an. Am Sonntag, dem 7. Mai 1989, waren außerdem Wahlen in DDR. Das bedeutete, daß die Wahlberechtigten in die Wahllokale gingen, dort einen Zettel mit den Kandidaten bekamen und diesen dann so, wie er war, in die Wahlurne steckten. Also eigentlich ging man nicht auswählen, sondern zustimmen. Wer mit irgendeinem Kandidaten nicht einverstanden war, ging in eine Kabine und strich den Namen durch. Dabei riskierte die betreffende Person jedoch, von aufmerksamen »Wahlhelfern« notiert zu werden. Hatte man gerade einen Antrag auf eine Westreise zum 70. Geburtstag der Mutti gestellt, war das natürlich nachteilig. Also dann lieber doch einfach nur Zettel falten, und ab in die Urne. Es änderte sich ja sowieso nichts.

1989 wurde die Stimmung in der Bevölkerung jedoch zunehmend schlechter. Darum hatten sich diesmal viele vorgenommen, den Zettel nicht einfach nur zu falten, sondern die Namen auch wirklich durchzustreichen. Als dann am Abend im Fernsehen die Wahlergebnisse bekanntgegeben wurden, staunten die Wähler nicht schlecht. Wieder hatten über 98 Prozent für die Kandidaten der Nationalen Front gestimmt. Das roch nach Beschiß, und viele Leute waren sauer. In Ostberlin kam es zu einer Spontan-Demo, und auch in Leipzig trafen sich einige Menschen bereits am Nachmittag an der Nikolaikirche. Auch von unserer Steinplatz-Clique waren welche mit in der Stadt. Die nicht ganz so Mutigen von uns, unter ihnen ich, wollten einfach nur als Zaungäste mal gucken. Viel zu sehen bekamen wir nicht. Nur diese auffällig unauffälligen Stasi-Typen. Überall standen sie in kleinen Grüppchen herum. Man erkannte sie an ihren DDR-Klamotten. Die trugen alle so einen trabantfarbenen Blouson und hatten kurze unmodische Haarschnitte. Außerdem konnten die gar nicht anders, als Stasi-mäßig zu schauen. Ich verpißte ich mich schnell wieder, das war mir zu heikel.

Knapp einen Monat später lief bei uns durch die Südvorstadt eine kleine Menschenkette. Grund war der zweite »Pleißegedenkmarsch« von kirchlichen Umweltgruppen. Der Fluß war in Leipzig mit den Jahren zu einer einzigen Chemiebrühe mutiert. Wir in unserer Clique wußten davon vorher nichts, sahen vom Steinplatz aus aber jede Menge Polizei-LKWs an uns vorbeiflitzen und wenig später auch die schweigende Menschkette. Wir liefen an die nächste Straßenecke, um besser sehen zu können, und staunten über den Mut der Demonstranten, denn es war klar, daß sie gleich alle verhaftet werden würden. Die Menschenkette, vielleicht 20 bis 30 Leute, ging schweigend auf dem gegenüberliegenden Fußweg. Ganz vorn lief Suse aus meiner Lehrlingsgruppe, aber sie sah mich nicht. Sie blickte, wie alle anderen in der Menschenkette, schweigend zu Boden. Das Ganze wirkte schüchtern und entschlossen zugleich. Wir waren beeindruckt.

Der Sommer ging ins Land, und dann passierte etwas, womit keiner vorher gerechnet hatte: In Ungarn wurden die Grenzzäune stellenweise abmontiert. Nun bot sich jedem der DDR überdrüssigen Bürger eine einigermaßen ungefährliche Möglichkeit, sofort abzuhauen. Und diese wurde umgehend und ausgiebig genutzt. Als wegen der sich anbahnenden Massenflucht von den DDR-Behörden keine Ungarn-Visa mehr erteilt wurden, quartierten sich kurz entschlossen Tausende auf dem Botschaftsgelände der Bundesrepublik in Prag ein. Der Exodus war nicht mehr zu stoppen. Zu Hause, bei der Arbeit und in den Freundeskreisen sprach man von nichts anderem. Mit meinen Eltern hockte ich stundenlang vorm Fernseher und sah die Berichte auf ARD und ZDF. In den DDR-Medien erfuhr man darüber nur Quatsch. Da hieß es in einer Zeitung, daß ein Mitropa-Kellner in einem Zug mit einer Mentholzigarette betäubt und gegen seinen Willen in den Westen entführt worden sei. Das eigentliche Problem wurde in den DDR-Medien völlig totgeschwiegen. Die Oberen hofften insgeheim, daß die Unzufriedenen abhauen würden und dann wieder Ruhe wäre. Es gab aber außerdem noch viele Unzufriedene, die dableiben wollten. Man merkte die Anspannung in der Bevölkerung auch daran, daß pausenlos neue Witze über die aktuelle Situation in Umlauf kamen. »Wie kommt man am schnellsten rüber? – Mit 'ner Fahrkarte nach Ungarn und einer Menthol-Zigarette.« Das Volk schaffte sich eigene Ventile, zunächst nur mit dem Ausdenken von Witzen.

Auch außerhalb der Messe trafen sich jetzt die Ausreisewilligen nach dem wöchentlichen Friedensgebet in der Nikolaikirche, um »Wir wollen raus!« zu rufen. Bislang hatte uns das im Freundeskreis nicht so sehr interessiert, denn wir waren ja noch Teenager und wollten beziehungsweise konnten nicht raus. Doch selbst in unserem weiteren Bekanntenkreis verschwanden nun einige Richtung Westen. Wir konnten uns das noch schwer vorstellen, hier alles hinter uns zu lassen. Uns gefiel es in unserer Südvorstadt. Die Familie, die Partys bei Triebi, die Konzerte, die Kumpels, unser Scherbelberg – wir wollten nicht weg. Aber politische Veränderungen wollten wir natürlich auch. Was Gorbatschow in der UdSSR seit einigen Jahren versuchte, das sagte uns viel mehr zu. Zumindest das, was wir uns darunter mit unseren 16, 17 Jahren vorstellen konnten. Als dann nach den Friedensgebeten eine Gruppe Demonstranten rief: »Wir bleiben hier!«, fühlten wir uns angesprochen. Genau, das war es! Wir bleiben hier und machen es uns hier schön.

Am 25. September hatte sich in Leipzig nach einem Friedensgebet in der Nikolaikirche spontan ein Demonstrationszug mit mehreren Tausend Teilnehmern formiert. Diesmal standen die Protestierenden nicht nur auf dem Nikolaikirchhof rum, sondern liefen ein Stück auf dem Innenstadtring. Die Nachricht verbreitete sich wie ein Lauffeuer. Als wir in der Clique dieses Ereignis besprachen, stand für uns fest: Am nächsten Montag schauen wir uns das mal an. Thümi war im Rahmen seiner Lehrausbildung zum Säureschutzfacharbeiter auf Montage und leider nicht in Leipzig. So traf ich mich am Abend des 2. Oktober mit Nobi, Triebi und Rüdi zum Demonstrieren. Fast so wie zum 1. Mai, nur eben völlig aus freien Stücken. Unsere erste illegale Demo! Mann, waren wir aufgeregt! Unsere schwarzen Klamotten hatten wir zu Hause gelassen und uns ganz unauffällig angezogen.

Ins Stadtzentrum kamen wir ungestört mit der Straßenbahn. Der Platz vor der Nikolaikirche war bereits voller Menschen. Insgesamt 10000 Demonstranten wurden später gezählt. Wir standen dicht gedrängt vor der Kirche. Nach 18 Uhr gingen die Türen auf, und die Teilnehmer des Friedensgebetes strömten heraus. Wir liefen mit ihnen Richtung Karl-Marx-Platz. Dann die ersten Sprechchöre. »Gorbi, Gorbi« und »Wir sind das Volk!« Zwischen den Häusern schallte es ungemein. Es hatte so etwas Befreiendes, dieses laute Rufen in Sprechchören. Es war ja nicht erlaubt, sich anders, als der Staat es wollte, öffentlich zu artikulieren, aber hier war jeder durch die Menschenmasse anonymisiert, und so konnte man schön seinen Frust rausschreien. Wir waren außerdem völlig überwältigt von der geordneten Unorganisiertheit der Menschen. Der Demonstrationszug lief auf dem Ring zum Bahnhof. Eine erste Straßenbahn mußte wegen der Menge anhalten. Alle freuten sich über das, was mit so vielen Menschen möglich war. Gegenüber der Oper stand heute keine Bonzen-Tribüne. Am Bahnhof sah man Polizeiketten. Sie sicherten aber nur den Eingangsbereich und behinderten uns nicht. Wir liefen an ihnen vorbei auf dem Ring, nicht auf dem Fußweg, sondern mitten auf der Straße. Menschen, so weit man schauen konnte. Am »Blauen Wunder«, einer Fußgängerbrücke über den Ring unweit des Stasi-Gebäudes, kam der Zug zum Stehen. Polizeiabsperrungen. Nun hatten sich auch an den Seiten Polizeiketten gebildet. Offenbar wollten sie verhindern, daß wir am Stasi-Gebäude vorbei wieder in die Innenstadt liefen. Nobi, Triebi, Rüdi und ich befürchteten einen Polizeikessel und verdrückten uns schnell durch die menschenleere Innenstadt nach Hause. Trotzdem – was für eine coole Demo. Wir waren begeistert.

Später am Abend kam meine Mutter nach Hause. Sie erzählte, wie sie mit anderen Demonstranten an der Thomaskirche von Polizisten gejagt worden sei. Die hätten jetzt auch solche weißen Helme, Schilder und Knüppel, wie wir sie bislang nur von den Westpolizisten bei Demos aus dem Fernsehen kannten. Während sie berichtete, packte sie ihre Handtasche aus und legte ihre Notrationen für den Fall einer Verhaftung auf den Tisch: ein Päckchen Zwieback und eine Schachtel Zigaretten. Uns war klar: Am nächsten Montag wird wieder demonstriert.

Am Samstag, dem 7. Oktober, zum 40. Jahrestag der DDR, gab es nicht nur in Ostberlin, sondern auch in Leipzig Spontan-Demos. Thümi erzählte, daß er und Nobi unbedingt hingehen wollten, genauso wie einige andere vom Steinplatz. Ich begleitete sie nicht, denn ich hatte wenige Tage zuvor bei einem Punkkonzert ein nettes Mädchen kennengelernt. Sie hieß Droge. Das war natürlich nicht ihr richtiger Name, sondern nur ihr Spitzname. Sie nahm überhaupt keine Drogen, außer den üblichen Mixgetränken und Bier, aber sie nannte sich eben Droge, und darum nannte ich sie auch Droge. Doch Droge entwickelte sich langsam für mich zur Droge, und am 7. Oktober war ich darum weder feiern noch protestieren, sondern wir zwei besuchten eine Popper-Disco im Leipziger Betonneubaugebiet Grünau. Es schien klar, daß an diesem Tag die Bullen nicht zimperlich sein würden, und ich wollte mir nicht die Fresse polieren lassen. Wie sehr ich damit leider recht hatte, erfuhr ich am nächsten Tag. Auf der Flucht vor knüppelschwingenden Volkspolizisten wurde Thümi von einem Stasi-Typen auf dem Gelände der Uni verkloppt. Nobi war mit dem Schrecken davongekommen.

Die Stimmung war nach den letzten Ereignissen auf das äußerste angespannt. Die Demos und die Ausreisewellen waren *die* Themen in der Stadt, quer durch alle Altersgruppen. Dazu kam noch der Gründungsaufruf des Neuen Forums. Als ich dieser Tage mit der Straßenbahn zum Dienst in die Oper fuhr, las eine Frau in der Bahn das entsprechende Flugblatt, ohne sich die Mühe zu machen, es zu verbergen. Das Selbstbewußtsein der Menschen stieg. Vor der nächsten Montagsdemo am 9. Oktober in Leipzig kamen noch die Gerüchte hinzu, daß die Krankenhäuser sich auf viele Verletzte vorbereiteten, daß das ganze medizinische Personal in Bereitschaft sei und sogar die paramilitärischen »Kampfgruppen« aus den Betrieben gegen die Demo eingesetzt werden sollten. Allen war klar: Am 9. Oktober fällt hier auf dem Ring eine Entscheidung. Viele dachten an die Bilder aus China, wo wenige Wochen zuvor die Demokratiebewegung blutig niedergeschlagen worden war. Diese Bilder sahen wir natürlich nur im Westfernsehen. Solche »chinesischen Verhältnisse« befürchteten wir nun auch in Leipzig. Gleichzeitig war die Empörung über das Verhalten der DDR-Oberen so gewachsen, daß man einfach nicht mehr zu Hause warten konnte. Also auf die Straße. Meine Mutter warnte mich nachmittags noch, daß es heute abend gefährlich werden könne. Gleichzeitig war ihr klar, daß sie mich wohl kaum davon abhalten konnte hinzugehen. Schließlich wollten sie und mein Vater ja selbst zum Friedensgebet.

Im Staatsbürgerkundeunterricht hatten wir gelernt, was eine »revolutionäre Situation« ist. Die Definition zum Auswendiglernen war: »Eine revolutionäre Situation besteht, wenn das Volk nicht mehr will und der Herrscher nicht mehr kann.« Natürlich waren damit alte Königreiche und westliche Demokratien gemeint, und es war völlig klar, daß im Sozialismus so etwas nie passieren könnte, weil ja hier die Widersprüche zwischen Volk und Regierung aufgehoben waren, denn das Volk und die Regierung waren ja eine Einheit. Soweit die Theorie aus den Schulbüchern. Doch in diesen Tagen wurde uns klar, daß unser Stabü-Lehrer uns angeschwindelt hatte. So etwas konnte überall passieren, auch bei uns. Und es passierte.

An diesem Montagabend ging ich mit Rüdi und Droge in die Stadt. Die anderen aus der Clique wollten ebenfalls zur Demo. Alle Geschäfte hatten bereits um 17 Uhr geschlossen. Wo wir auch langliefen, überall standen LKWs der Bereitschaftspolizei. Mit Hunden, mit Helmen, Schildern und Gummiknüppeln. Es war eine angespannte und gleichzeitig groteske Situation. Man ging so ganz harmlos aneinander vorbei, und beide Seiten wußten, daß man an diesem Abend noch gewaltsam aneinandergeraten könnte. Vorerst ließen uns die Polizisten in Ruhe. Vor den LKWs hatten sich stellenweise Menschentrauben gebildet, die auf die Polizisten einredeten. Hinter der Oper standen Betriebskampfgruppen. Hunderte, Tausende Uniformierte sahen wir auf unserem Weg. Das Friedensgebet war noch in vollem Gange, und so setzten wir uns auf eine Bank am Karl-Marx-Platz, direkt unter dem Karl-Marx-Kopf-Relief am Universitätsgebäude. Wir saßen stumm nebeneinander in Erwartung der kommenden Ereignisse und schauten über den Platz zur großen Uhr an der Hauptpost. Es war 17.30 Uhr, und der Platz war fast leer, bis auf einige Polizisten und die Leute, die an den Straßenbahnhaltestellen standen. Direkt über der Uhr auf dem Dach stand eine Videokamera der Stasi, die uns anglotzte. Wir überlegten: Wie viele kommen heute zur Demo? Wird es heute »abgehen«? Werden die wirklich schießen? Der Buschfunk hatte sogar was von Panzern erzählt.

17.45 Uhr. Der Platz füllte sich mit Menschen. Ganz plötzlich und ganz still. Einzelne oder kleinere Personengruppen kamen und blieben einfach stehen, als ob sie auf jemanden warten würden. Kaum jemand unterhielt sich. Alle standen einfach nur so da. Angespannte Ruhe. Man sah, daß es keine Stasi-Typen waren, denn die erkannte man ja immer sofort.

Vom Gewandhaus kommend, erblickte ich plötzlich meinen Vater. Er wollte in die Thomaskirche, wo ebenfalls ein Friedensgebet stattfand. Trotz der vielen Menschen, die mittlerweile herumstanden, sah er mich sofort. Er hatte interessante Neuigkeiten: Heute würde es keinen Polizeieinsatz geben! In Kürze würde über den Stadtfunk, das waren die Lautsprecher an allen Straßenbahnhaltestellen der Innenstadt, ein Aufruf zur Gewaltlosigkeit und zum Dialog verlesen werden. Die Demo wurde geduldet. Woher wußte er das nur? Er hatte bis eben noch an dem Aufruf mitgeschrieben zusammen mit Gewandhauskapellmeister Kurt Masur, einem Pfarrer und drei SED-Bezirkssekretären. Die Kontakte hatten sich zufällig am frühen Nachmittag ergeben. Masur, den wir Kids vor allem kannten, weil er der einzige in Leipzig war, der einen schicken dunkelblauen Volvo fuhr, würde den Aufruf verlesen.

Mein Vater verabschiedete sich und ging weiter Richtung Thomaskirche. Dort sollte, wie in einigen anderen Kirchen, der Text verlesen werden, um schnellstmöglich viele Demoteilnehmer über die neue Situation zu informieren. Ich erzählte Droge und Rüdi, was ich soeben erfahren hatte. Sollten die SED-Bonzen wirklich nachgeben? Gleichzeitig wurde uns klar, daß wir die ersten Demonstranten auf dem Platz waren, die davon wußten. Die Verlesung des Textes über den Stadtfunk war noch nicht erfolgt. Wir waren also die ersten, die keinen Schiß mehr haben mußten, auf die Demo zu gehen. Damit wurde uns natürlich auch indirekt der Heldenstatus aberkannt.

Die Hauptpostuhr zeigte 18 Uhr. Nun würde gleich das Friedensgebet in der Nicolaikirche zu Ende sein. Wenig später drängte sich ein schier endloser Zug von Menschen aus Richtung Kirche heran. Sprechchöre wurden laut. Die Menschen, die bislang auf dem Augustusplatz nur still gewartet hatten, reihten sich mit ein; der Zug nahm dieselbe Route wie am Montag zuvor. Menschenmassen überall. 70000, würden wir später erfahren. Von Polizei und Kampfgruppen keine Spur, die waren verschwunden. Lautstark erschollen die Sprechchöre. Wir ließen uns treiben. So eine Demo hatten wir noch nie erlebt. Und diesmal schafften wir eine ganze Runde um den Leipziger Innenstadtring. Auch am Stasi-Gebäude vorbei. Zwischendurch hörte man über den Stadtfunk den Aufruf, von dem mir mein Vater erzählt hatte. Die befürchtete »chinesische Lösung« war nicht eingetreten.

Zu Hause sah ich in den »Tagesthemen« Amateuraufnahmen der Demo. Leipzig im Westfernsehen! Ich war begeistert. Alle konnten unsere Demo sehen. Meine Eltern riefen später aus einer Kneipe an, wollten wissen, ob ich gut nach Hause gekommen sei. Sie würden noch feiern. Dazu hatten sie auch allen Grund.

Die folgenden Wochen waren der pure Wahnsinn. Montags ging es zur Demo, an anderen Tagen mit Droge zu Punkkonzerten. Zwischendurch arbeiten in der Oper. Die Stadt stand unter Strom. Am 30. Oktober waren 300 000 Menschen auf der Demo. Der ganze Leipziger Ring war voller Leute. Honecker war schon längst zurückgetreten. Das Selbstbewußtsein der Menschen befand sich auf dem Höhepunkt. Wir glaubten, daß nun alles möglich sei. Meine Eltern hatten mir immer von Prag 1968 vorgeschwärmt, von Dubčeks »Sozialismus mit menschlichem Antlitz«. Ob wir so was nun in der DDR durchsetzen könnten? Zusammen mit Gorbatschows Glasnost und Perestroika? Immerhin redeten die verunsicherten SED-Bonzen nun auch von »Dialog« und von »Reformen«. Zu einer Demo bastelte Thümi ein Transparent. »Nie wieder Fahnenappell« stand darauf. Wir hatten diesen militaristischen Zirkus an unserer Schule immer absolut lächerlich gefunden. Außerdem erinnerte uns dieser Militärkram irgendwie an die Hitler-Jugend. Vielleicht könnte man dies den nachfolgenden Schulklassen nun endlich ersparen.

Doch der Höhepunkt der Ereignisse war noch nicht erreicht. Am 9. November saß ich mit Droge und Thümi abends zusammen in der »Erholung«, einer verrauchten Kneipe in einer Gartenkolonie, zehn Minuten Fußweg vom Steinplatz. Es war eine dieser »Vierziger

Dielen«, eine Kneipe, wo das kleine Bier nur 40 Pfennige kostete und entsprechendes Publikum anzog. Für unsere New-Wave-Clique war das eigentlich kein standesgemäßer Ort, aber man konnte hier die Älteren vom Steinplatz treffen. Thümi kannte sich in solchen Lokalitäten aus. Er wußte, daß man dem Kellner gleich bei der ersten Bestellung duzen und zu einem Schnaps einladen mußte, damit wir den Abend über immer schnell bedient werden würden. Der Kellner trank also einen Pfeffi-Schnaps auf unsere Rechnung, und der Service klappte wirklich. Zu vorgerückter Stunde kam Linke rein. Linke war einer der Älteren vom Steinplatz, groß und kräftig, mit rötlichen Haaren und Sommersprossen. Er stand auf Heavy Metal, war aber alles andere als ein typischer Metaller. Er mochte uns New-Wave- und Punk-Kids, und wir mochten ihn auch. Linke kam an unseren Tisch, grüßte und sagte ganz beiläufig: »Habt ihr schon gehört, die Mauer in Berlin ist offen.« Wir kriegten große Augen. »Was bitte?« – »Die Mauer ist offen. Ich hab's im Fernsehen gesehen. Alle können jetzt einfach so rüber.« – »Was, die die ausreisen wollen?« fragten wir zurück. »Nein, alle, auch nur zu Besuch.« Damit hatte niemand gerechnet. Stimmte das wirklich? Ich stürzte nach Hause. Westfernsehen anmachen. Linke hatte nicht gelogen. Ich sah heulende Ostberliner, wie sie nach Westberlin rüberliefen – und auch zurück. Einen Tag später auf der Delicata-Disco verabschiedete sich Linke von uns, auch heulend. Er nutzte die Gunst der Stunde und ging rüber – für immer.

Das erste Mal

Mein erstes Mal war am 25. November 1989 früh gegen 9 Uhr, gut zwei Wochen nach dem Fall der Mauer. In der DDR ging gerade alles drunter und drüber. Heerscharen von DDR-Bürgern stürmten zu einem Kurzbesuch nach Westberlin oder in westdeutsche Städte gleich hinter der Grenze. Die Züge vom Leipziger Hauptbahnhof gen Westen waren tagelang hoffnungslos überfüllt. Chaotische Zustände auf den Bahnsteigen, drängeln, schubsen – wie auf der Flucht. So wartete ich erst mal den größten Ansturm ab. Immerhin hatte es wenige Tage nach Maueröffnung auf dem Leipziger Hauptbahnhof eine Tote gegeben, die von den Menschenmassen unter einen einfahrenden Zug geschoben worden war. Das erste Opfer der »friedlichen Revolution«. Getötet nicht etwa von Staatsbütteln beim Demonstrieren für Freiheit und Demokratie, sondern bei einer Stampede wild gewordener Zonis auf dem Weg nach drüben. Doch über dieses tragische Ereignis machten sich dieser Tage die allerwenigsten Gedanken. Alle wollten endlich den Westen sehen. Für uns bot sich der Entfernung wegen Westberlin als Reiseziel für einen ersten Schnuppertrip an. Die Götzens-Zwillinge hatten außerdem eine Einladung zu einer Szeneparty in Westberlin, und wir könnten mitkommen. Eine Party in Westberlin! In Kreuzberg! Mit echten Westpunks! Unsere Phantasie spielte verrückt. Thümi, Droge, Enny von unserer Band und ich waren voller Erwartungen.

Da die Züge tagsüber immer noch völlig überfüllt waren, entschieden wir uns für einen Zug nach Berlin, der nachts um 2.22 Uhr von Leipzig losfuhr. Wir kamen eine Stunde vorher auf den Hauptbahnhof. Um diese Zeit war es dort im allgemeinen menschenleer, aber nicht in diesen Tagen. Menschenmassen überall, und das mitten in der Nacht. Mit reichlich Drängeln und Schieben schafften wir es jedenfalls alle in den Zug. Thümis Jacke riß dabei ein. Machte nix, schließlich ging es nach Westberlin.

Während der Fahrt standen Droge und ich dicht gedrängt in dem Eisenbahnwaggon wie in einer Straßenbahn im Berufsverkehr. Thümi und Enny hatten bei uns keinen Platz mehr gefunden und blieben im Vorraum vor den Toiletten, wo noch einige Metaller mit reichlich Alkohol lagerten. Ich konnte sie durch die Glastür beobachten. Selbst auf der Toilette hatten sich zwei Typen niedergelassen. Nach gut einer Stunde fingen die da draußen plötzlich an, sich mit den Metallern zu prügeln. Alle anderen im Zug waren einfach nur müde beziehungsweise erwarteten froh das Paradies, aber nicht Enny und die Metaller. Gefahr, daß sich die Schlägerei in unser Abteil ausweiten konnte, bestand nicht, dazu war es einfach zu voll. Mir graute dennoch vor den übrigen knapp zwei Stunden Fahrzeit. Ennys Brille fiel runter. Thümi rief dazwischen: »Eh, hört auf, wir wollen doch alle nur das eine, nämlich nach Westberlin.« Dieses Argument der Deeskalation drang auch durch dichtesten Alkoholnebel. Sofort hatten sich die Akteure beruhigt und tranken gemeinsam Bier.

Die Fahrt dauerte schier ewig, obwohl es nur knapp 200 Kilometer sind. Während wir dicht gedrängt im

Abteil standen und durch die Nacht fuhren, mußte ich an unseren Familienurlaub im Sommer 1986 in Budapest denken. Diese Reise hatten mir meine Eltern zur Konfirmation geschenkt. Wir flogen mit der ungarischen Fluggesellschaft MALÉV, und an Bord gab es echte Pepsi-Cola zu trinken. Budapest erschien mir damals fast wie eine westeuropäische Großstadt. Überall sah man Reklame für Westprodukte, an jeder Ecke kleine Geschäfte mit Westschallplatten, Band-Ansteckern, BRAVO-Magazinen, Comics, schicken Klamotten. Direkt im Zentrum war sogar ein Fastfood-Restaurant im McDonald's-Style. Mit Wegwerf-Geschirr! Was mich damals besonders beeindruckte: Abends war in den Straßen überall noch was los. Die Leute hockten nicht zu Hause vorm Fernseher, sondern gingen flanieren. Man saß in Straßencafés und trank Fanta. Außerdem war die Stadt voller Österreicher und Bundis. So ungefähr mußte also der Westen aussehen. Nur *noch* bunter.

Irgendwann am frühen Morgen waren wir schließlich in Berlin, zunächst noch im Ostteil. Wir gingen zu den Götzens-Zwilligen, die seit dem 9. November schon einige Male drüben gewesen waren. Nicht weit von ihrer elterlichen Wohnung in Mitte steuerten wir dann den Grenzübergang an der Invalidenstraße an. Dort hieß es natürlich erst mal wieder warten in einer langen, langen Schlange. Die letzten Vorräte an Ostbier gingen dabei drauf.

Das zu diesem Zeitpunkt noch benötigte Visum in Form eines Stempels im Personalausweis hatten wir uns bereits drei Tage nach Grenzöffnung in Leipzig besorgt. Damals waren die »Paß- und Meldestellen« der

Volkspolizei einige Tage lang rund um die Uhr offen, weil so ziemlich alle DDR-Bürger schnell einen dieser begehrten Stempel benötigten. Es wurde zu einem regelrechten Happening für Leipziger Jugendliche, abends nach der Disco sich in eine der vielen Schlangen einzureihen und seinen Stempel abzuholen. Noch keine 18 Jahre alt, hatte ich nun ein Visum für die mehrmalige Einreise in die BRD im Ausweis. So einfach konnte das also sein: Stempel, Unterschrift, der nächste. Bitte – danke! Verrückte Zeiten.

Endlich waren wir an der Reihe. Die Grenzer kontrollierten flüchtig unsere Pässe – ein kleines Stempelchen mußte natürlich noch sein – und winkten uns durch. Einen Monat zuvor hätten die Grenzsoldaten womöglich noch auf uns geschossen, aber nun spazierte man einfach so nach Westberlin. Wir waren schon irgendwie ein bißchen stolz auf uns. Das hatten wir uns auf dem Leipziger Ring erdemonstriert. Aber es war kein Platz für Sentimentalitäten in diesem Augenblick. Es hatte eher etwas von alkoholträchtiger Silvesterstimmung.

Nun liefen wir auf Westboden, Westluft schnuppernd. Und gleich würden wir noch Westgeld in der Tasche haben. 50 Meter rechts vom Grenzübergang befand sich in einem Haus diese sagenumwobene Stelle, wo man als DDR-Bürger einmalig 100 DM Begrüßungsgeld abholen konnte, was wir natürlich sofort machten. 100 Deutsche Mark. Westgeld. Wir zeigten uns begeistert die Scheine. Ich überlegte, was ich mir von dem Geld kaufen würde. Mir fielen eine Menge Sachen ein, aber ich konnte mich überhaupt nicht entscheiden. Schallplatten? Klamotten? Acht Jahre zuvor hätte ich mir sofort das Playmobil-Piratenschiff geholt, aber dazu war es nun definitiv zu spät.

Nachdem wir das passende Geld in den Taschen hatten, lief unsere kleine Reisegruppe erwartungsvoll entlang der Mauer zum Potsdamer Platz. Hier war – nichts. Einfach nur ein großer, breiter Platz, der abgesperrt war. Ostseitig von der Mauer, die mittlerweile schon einige Löcher hatte, westseitig durch einen Zaun. Das war also der Westen? Die Götzens-Jungs schleusten uns durch die zahlreichen Schaulustigen, die an diesem scheinbar symbolträchtigen Ort den Hauch der Geschichte einatmen wollten.

Unser erster Stopp war nicht der Kudamm oder das KaDeWe, sondern der »Polen-Markt«, ein riesiger Flohmarkt in der Nähe des Potsdamer Platzes. Westwaren überall, wenn auch nur gebrauchte. Wir wühlten ziellos in den Kisten. Nach einer Stunde liefen wir weiter nach Kreuzberg, vorbei an Neubauten, die mich irgendwie an die DDR erinnerten. Zwischendurch stoppten wir an einer Döner-Bude. Mein erstes Westgeld gab ich so für orientalisches Fastfood aus. Aber es war lecker. Schnell noch eine Coca-Cola hinterher. Diesen Geschmack kannte ich ja schon. Die anderen kauften ihr erstes Dosenbier und freuten sich.

Schließlich waren wir in Kreuzberg. Es sah irgendwie ganz anders aus als in der ARD-Serie »Liebling Kreuzberg« mit Manfred Krug. An die Häuserwände waren überall linke Parolen und Anarcho-As gesprüht. Demo-Plakate sah man auch viele. Wir waren beeindruckt. Ich dachte sofort an »Tagesschau«-Berichte vergangener Jahre, wo am 1. Mai hier die Autos brannten und Autonome sich mit der Polizei stundenlang

Scharmützel lieferten. Doch solcherart Action wurde uns heute nicht geboten. An diesem Tag mußten wir nur auf die viele Hundescheiße aufpassen, die auf dem Fußweg lag.

Wir waren mit einem Bekannten der Zwillinge verabredet. Er nannte sich »Der wahre Heino« und sah wirklich aus wie der wahre Heino, nur ein paar Jahre jünger. Sie hatten ihn bei einem illegalen Toten-Hosen-Konzert in Ostberlin vor einem Jahr kennengelernt und seitdem Kontakt gehalten. Dieser Heino trat manchmal bei Punkkonzerten im Vorprogramm auf und sang zum Playback des echten Heino. Wir lungerten einige Stunden in seiner Wohnung rum, was ihn und seine Freundin, glaube ich, ziemlich ankotzte, aber die Götzens hatten das so arrangiert. Außerdem war es uns für längere Sightseeing-Touren durch Berlin einfach zu kalt. Thümi und ich hockten die ganze Zeit vor Heinos riesiger Plattensammlung. Ständig zogen wir LPs aus dem Regal, die wir bislang nur als Überspielungen auf Tape hatten. So sahen die also in echt aus. Der wahre Heino war außer seiner Funktion als Heino-Double auch noch Radio-DJ und hatte deshalb so viele Schallplatten. Wir beneideten ihn, waren aber gleichzeitig vom Überangebot erschlagen.

Abends gingen wir dann auf diese Party, von der uns die Götzens so viel erzählt hatten. Da saßen wir Handvoll jungen Zonis nun auf einem Sofa und – langweilten uns tierisch. Wir waren ja in der großen Erwartung dorthin gegangen, mindestens ein paar top-gestylte Punks oder wenigstens ein paar Autonome anzutreffen, die uns Ostlern aufregende Geschichten über Straßenschlachten mit der Polizei und den Faschos erzählen konnten.

Aber alle Partygäste waren mindestens 15 Jahre älter als wir und wirkten eher cool bis phlegmatisch, fast stinohaft. Von bunten Punks und Abenteuergeschichten keine Spur. Immerhin hatten wir den Exotenbonus als DDR-Kids. Alle starrten uns stumm an.

Zu vorgerückter Stunde passierte dann das, wovor wir all die Jahre in der DDR gewarnt worden waren. Von den Zeitungen, von Karl-Eduard von Schnitzler und seiner TV-Sendung »Der schwarze Kanal«, von den Staatsbürgerkundelehrern. Etwas, das im Westen Tausende junger Menschen erst in den sozialen Abgrund und schließlich in den Tod getrieben hatte: Rauschgift. Ein Typ vor uns baute sich einen Joint. Darauf waren wir nicht vorbereitet gewesen. Panik kam in mir auf. Alles, was wir davon wußten, war, daß Drogen saugefährlich waren. Cannabis, Kokain, Heroin – alles Sachen, vor denen uns die DDR immer lautstark bewahrt hatte. Nun waren wir im Westen, und keiner konnte uns mehr beschützen – außer uns selbst. Thümi fing sofort an, mit dem Typen über seinen Cannabiskonsum zu diskutieren. Der wußte gar nicht, wie ihm geschah, doch Thümi blieb bei seiner Meinung: In seinem Beisein sollten keine Drogen konsumiert werden. Leider hatte er keinen Erfolg, denn für den Westberliner war das was ganz Normales. Ein seltsamer Duft stieg aus seiner Haschisch-Zigarette.

Thümi und ich wollten hier weg. Droge war auf dem Sofa eingeschlafen. Die Zwillinge und Enny amüsierten sich unbeeindruckt von der Gefahr des Rauschgiftes bei reichlich Westdosenbier, und so blieben wir dann doch die ganze Nacht. Erst am Morgen ging es wieder mit dem Zug zurück nach Leipzig. Das war also der Westen.

Ich muß gestehen, ich hatte mir diesen Augenblick des ersten Westbesuches schon etwas romantischer vorgestellt. Die Intershop- und Interhotel-Atmosphäre war auf der anderen Seite jedenfalls nicht zu entdecken. Als ich 1986 in Budapest war, fand ich es dort fast westlicher als nun in Westberlin. Nur der Döner war wirklich völlig neu für mich.

Die Wende wendet sich

Weihnachten 1989. Alle waren glücklich – wenn man mal von den SED-Genossen absah. Drei Monate »Revolution«, und schon so viel erreicht: Honecker hatte abgedankt, wir konnten nach drüben fahren, wann immer wir es wollten, die SED-Bonzen mußten *uns* zuhören. Zum erstenmal hatte man das Gefühl, daß dies wirklich *unser* Land war, weil es ja nun die Möglichkeit zu geben schien, endlich selbst an den politischen Entscheidungen teilzuhaben und eigene Ideen mit einzubringen. Was mochte uns wohl das neue Jahr bringen? Unter dem Tannenbaum lagen wie alle Jahre Westpakete von Verwandten und Bekannten, und wir freuten uns. Im Fernsehen verfolgten wir außerdem hautnah, wie sich Rumänien des verhaßten Diktators entledigte, der ganze Ostblock war im Umbruch oder besser im Abbruch. In Prag jubelten nach 31 Jahren wieder Zehntausende Alexander Dubček zu. In diesem Herbst waren nicht nur die Blätter von den Bäumen gefallen, ganze Systeme fielen zusammen und wurden weggekehrt wie altes Laub. Nun war Winter.

Das Jahr 1990 begann ähnlich turbulent, wie 1989 aufgehört hatte. Doch das Tempo, mit dem die Ereignisse nun ihren Lauf nehmen sollten, wurde immer rasanter. Auf den Montagsdemos bestimmten jetzt schwarz-rot-goldene Fahnen das Bild – ohne das DDR-Emblem. Kaum hatten im November die ersten Zonis »Wiedervereinigung« geschrien, flippten drüben die Parteien von der CDU bis zu den ganz, ganz rechts außen völlig aus. Die rechtsextremen Republikaner müllten gleich ab Januar die Montagsdemos mit ihren Lagerbeständen an alten Wahlkampfflyern zu, und andere Westparteien folgten. Der Montagabend verkam in Leipzig zu einer einzigen Westparteien-Werbeveranstaltung. Helmut Kohl hatte außerdem das Unmögliche versprochen und war ernsthaft dabei, dieses Versprechen in die Tat umzusetzen: Deutschland und Westgeld für alle DDR-Bürger.

Natürlich klang das verlockend. Sehr verlockend sogar. Doch Helmut war mir unsympathisch. Sein birnenförmiger Kopf erinnerte mich an unseren alten ESP-Lehrer, den alle haßten. Die West-CDU war mir ebenfalls unsympathisch. Jahrelang hatte ich ihre Repräsentanten im Westfernsehen beobachtet. Sie schienen mir nicht die Alternative zum SED-Staat zu verkörpern. Außerdem gab es doch bei uns jede Menge fähiger Leute. Nicht alle klugen Köpfe waren schon in den Westen abgewandert. Viel spannender hätte ich es gefunden, wenn man die Fehler der SED-Bonzen endlich grundlegend korrigiert hätte, ohne die Fehler zu machen, die der Kapitalismus in sich trug. Wie naiv dieser Glaube war, sollte sich schnell zeigen.

Das Neue Forum und die anderen Bürgerrechtsgruppen des Herbstes 89 guckten dieser Tage mit ihren Ideen und Vorstellungen ganz schön in die Röhre oder hingen sich schnell an eine der großen Westparteien ran, genauso wie die alten »Blockflöten«, die Mitglieder der anderen offiziellen Parteien in der DDR jenseits der SED.

Die Leipziger Faschos waren in Festtagsstimmung. Endlich konnte man mal schön auf der Montagsdemo ungestört den Hitler-Gruß zeigen und »Rote aus der Demo raus« schreien – wen immer sie damit wohl gemeint haben mochten, denn die SED demonstrierte hier definitiv nicht mit. Die allgemeine Forderung aus dem Herbst 89 nach einem grundlegend reformierten, demokratischen Sozialismus war verflogen, hier herrschte jetzt eine neue pragmatische Realpolitik. Die »friedliche Revolution« ging in Bierzeltatmosphäre auf dem Leipziger Ring unter. Wozu sollten die Menschen in der DDR auch noch weiter für ihre Interessen eintreten? Das übernahmen nun Helmut Kohl und die BILD-Zeitung.

Bereits im Februar 1990 gingen wir mit unserer Clique nicht mehr auf die Montagsdemo. Hier war nichts mehr zu retten. Wer jetzt Bedenken gegen eine überhastete Wiedervereinigung äußerte, wurde als »Roter« oder »Kommunist« beschimpft. Wir waren definitiv weder das eine noch das andere, aber das wollte dort keiner so genau wissen. Zuletzt waren wir mit anderen Punks und alternativen Jugendlichen auf der Demo gewesen, einige kannten wir von Konzerten, andere hatten wir dort erst kennengelernt. Wir kotzten alle mächtig über die anwesenden Faschos auf der Demo ab. Der Rest der Demonstranten nahm an ihnen keinen nennenswerten Anstoß. Schließlich wurde hier gerade deutsche Geschichte geschrieben, was interessierten da ein paar rechte jugendliche Spinner. Weder Stasi noch Volkspolizei hatten uns im Oktober von der Teilnahme an der Montagsdemo abgehalten. Nun riskierten wir, etwas aufs Maul zu bekommen von den zahlreichen Faschos in ihren Begrüßungsgeld-Bomberjacken und von den besoffenen Helmut-Kohl-Fans mit den »Allianz für Deutschland«-Plastebeuteln. Viele von ihnen riefen im Sprechchor »Wir sind stolz, Deutsche zu sein«. Wir fragten uns, worauf sie denn eigentlich stolz wären. Auf die Alpen oder den Thüringer Wald? Die hatten die Natur geschaffen. Auf Goethe oder Schiller? Ja haben die Schreihälse an deren Werken etwa mitgeschrieben? Daß sie in einem deutschen Land geboren wurden, war doch purer Zufall, dafür hatten sie doch überhaupt nichts getan. Eigentlich kann man doch nur auf etwas stolz sein, das man selber geschaffen hat. Ich zum Beispiel war auf meine Depeche-Mode-Postersammlung stolz, denn dafür hatte ich echt geschuftet. Auf unsere erste Parole-Emil-Kassette war ich auch mächtig stolz, denn die hatten wir ganz alleine gebastelt. Auf Deutschland wollte ich nicht stolz sein. Das war mir viel zu abstrakt.

Wenn ich in den Folgewochen von meinen Spätdiensten in der Oper nachts nach Hause lief, stöberte ich gern in den neu aufgestellten Papiercontainern herum. Früher gab man Altpapier beim SERO-Handel ab und bekam dafür ein paar Mark, wenn einen der Typ an der Papierwaage nicht wieder übers Ohr haute. Der eine Altstoffhändler in der Südvorstadt fuhr zu DDR-Zeiten schon Lada und bald nach der Wende einen sportlichen Mercedes. Erstaunlich, was man mit Altpapier in der DDR verdienen konnte.

Jedenfalls fand ich in diesen Containern nun massenhaft ausrangierte SED-Literatur, Marx, Engels, Lenin. Die alten Parteimitglieder säuberten offenbar ihre Bücherschränke. Man hätte eine ganze Bibliothek damit einrichten können. Ich war jedoch nicht interessiert. Viel lieber angelte ich BRAVO-Magazine raus, die nun von den nachwachsenden Teenie-Generationen nicht mehr sorgsam aufgehoben wurden, wie wir das noch gemacht hatten, sondern nach dem Durchlesen einfach entsorgt wurden. Ich fragte mich, wo wir denn hier angekommen waren, wenn man schon eine BRAVO einfach so wegschmiß.

Leipzig wird bunt

Es wurde Frühling, und unser graues Leipzig bekam bunte Farbkleckse – und was für welche. Nachdem sich der Umtauschkurs von 5:1 auf 3:1 einigermaßen stabilisiert hatte, kam nach Modern Talking und den Republikanern auf der Montagsdemo nun die nächste Invasion des schlechten Geschmacks von drüben: Fliegende Händler mit lauter billigen und unnützen Sachen. Überall in der Innenstadt standen ihre Verkaufsstände mit Kinder-Walkie-talkies, Reichskriegsflaggen, »Ich bin stolz, Deutscher zu sein«-Aufnähern, bunt bedruckten Leggins, Westzigaretten, billigem Joghurt, Gummibärchen. Offenbar war ich durch Fernsehwerbung, Westpakete und Intershop zu sehr verwöhnt, denn dieses Zeug gefiel mir absolut nicht. Einmal parkte mitten auf dem Marktplatz ein Laster, aus dem heraus an die Passanten kostenlos Beate-Uhse-Kataloge verteilt wurden. Die gingen weg wie warme Semmeln. Das war nicht ganz unverständlich. 40 Jahre lang konnten die DDR-Bürger nur echten Sex machen, jetzt gab es endlich die Möglichkeiten, sich mit Gummipuppen und Vibratoren zu vergnügen. Was für eine sexuelle Befreiung!

Im Februar tauchte bereits erste Wahlwerbung für die Volkskammerwahl am 18. März auf. Überall hingen Plakate wie »Sozialismus ist Beschißmus« und ähnliches. Die ganze Stadt wurde zugepflastert von den einzelnen Parteien, und fast jedes Plakat war übermalt oder zerrissen, weil der politische Gegner sich dadurch einen Vorteil verschaffen wollte. Besonders hoch hingen die Plakate der SED-Nachfolgepartei PDS, weil diese, nicht ganz unbegründet, mit den meisten Sachbeschädigungen rechnete.

Gerade 18 Jahre alt geworden, konnten viele in unserer Clique im März zum erstenmal wählen gehen, auch ich. Es zeichnete sich bereits im Vorfeld ab, daß die Wahl sowieso nur zwischen den Ostablegern der beiden großen Westparteien entschieden werden würde. Die anderen Parteien neben CDU und SPD hatten eigentlich gar keine Chance. Am spannendsten war noch die Frage, wie viele Stimmen die SED-Nachfolgepartei PDS bekommen würde bei einer freien und geheimen Wahl. Viele Punks, die wir vor kurzem kennengelernt hatten, meinten, Wahlen würden ja eh nichts ändern, darum müßte man auch nicht wählen gehen, man könnte maximal den Wahlzettel ungültig machen. Andererseits hatte es natürlich schon eine gewisse Verlockung, durch Ankreuzen einer bestimmten Partei die Wahl wenigstens minimal beeinflussen zu können.

Doch wen überhaupt wählen, wenn man plötzlich frei entscheiden konnte? Die CDU war uns zu konservativ, zu rechts. Von den lautstarken Anhängern der »Allianz für Deutschland« hatte ich im Oktober 1989 niemanden bei den Demos gesehen. Die kamen erst später, als es nicht mehr gefährlich war. Trittbrettfahrer. Nun hatten sie sich mit Helmuts Unterstützung an die Spitze einer Protestbewegung gesetzt und ließen die großen Anti-Kommunisten raushängen. 40 Jahre lang hatte die Ost-CDU vor der SED gekuscht, und nun behaupteten ihre Anhänger, daß mit ihnen alles besser werden würde. Das roch mächtig nach Verarsche. »Wendehälse« nannte man solche Leute damals passend. Ihnen wurde dennoch erstaunlich schnell verziehen.

Auch die SPD erschien uns zu »bürgerlich«. Immerhin war die Ost-SPD eine wirkliche Wende-Neugründung ohne personelle Altlasten. Die West-SPD kannte ich aus dem Westfernsehen. Aber alle sagten, die SPD wäre nicht viel anders als die CDU. Die Sozis waren mir einfach zu sehr Realos. Mein Traum vom Herbst 89 war noch ein anderer.

Ganz klar war außerdem, daß wir nicht die aus der SED hervorgegangene PDS wählen wollten. Wir fühlten uns zwar auch irgendwie als Linke – schließlich wurden wir ja jetzt ständig als »linke Zecken« beschimpft –, aber mit den alten Genossen wollten wir natürlich überhaupt nichts zu tun haben, wir waren ja nicht bescheuert.

Blieben eigentlich nur noch das Bündnis 90, ein Zusammenschluß aus dem Neuen Forum und anderen DDR-Bürgerrechtsgruppen, oder die Grüne Partei, der Ostableger der West-Grünen. Die schienen noch die meisten Ideen aus dem Herbst 89 im Programm zu haben und mir darum am nächsten zu stehen, obgleich das eher eine rein emotionale Geschichte war. Letztlich hatte ich mich dann für die Grünen entschieden. Meine Stimme beeinflußte die Wahl jedoch in keinster Weise in meinem Sinne. Gewonnen hat dann wie erwartet nicht das Bündnis 90, deren Mitglieder vieles im Herbst 1989 losgetreten hatten, sondern die »Allianz für Deutschland«, Helmut Kohls neuer langer Arm im Osten. »Wer später kommt, den belohnt das Leben«, könnte man sagen. Jetzt war die Wiedervereinigung nur noch eine

Sache von Monaten und das Ende der DDR auch ohne SED endgültig besiegelt.

Doch fliegende Westhändler und Wahlwerbung waren nicht die einzigen neuen Farbkleckse in der Stadt. Vom kleinen Tante-Emma-Laden bis zu den großen Kaufhallen wurden die Schaufenster mit riesiger Werbung für Westzigaretten, BILD-Zeitung und Langnese-Eis zugeklebt. Bunte Streusel auf grauem Untergrund.

In die ganz normalen Geschäfte kamen zunehmend Westprodukte, zunächst noch zu horrenden Preisen. Da bezahlte man für ein Micky-Maus-Magazin 7,50 Ostmark. Aber wenigstens gab es das jetzt zu kaufen. Geradezu spektakulär war die Warenumstellung am 1. Juli. Von diesem Tag an hatten alle in der DDR durch die zeitgleiche Währungsunion nun Westgeld auf dem Konto. Die DDR-Produkte verschwanden über Nacht komplett aus den Regalen und wurden durch Westwaren ersetzt. Gestern noch tiefste Zone, heute Intershop in allen Läden. Die neuen Kassen ratterten nicht mehr, sondern piepsten leise.

Im Süden geht was

Die »Wende« hatten sich mittlerweile die von drüben unter den Nagel gerissen, aber es blieben uns ja noch unsere Südvorstadt und das benachbarte Connewitz, wo sich in den Wendewirren einiges Interessantes tat. Noch im Dezember 1989 waren wir auf einem Punkkonzert in einem Kulturladen auf unserer Karl-Liebknecht-Straße, an dem wir bislang immer achtlos vorbeigelaufen waren. Draußen stand in großen, schon lange nicht mehr funktionierenden Leuchtbuchstaben »Nationale Front«. Damit war der Zusammenschluß aller Parteien und Massenorganisationen in der DDR für den Wiederaufbau nach 1945 gemeint. Das war nun Vergangenheit. Der Laden wurde von allen nur die »Nato« genannt. Das Konzert an diesem Abend organisierten politisch aktive Punks und Hardcore-Fans, die sich bislang der staatlich tolerierten »Die anderen Bands«-Subkultur aus Überzeugung verweigert hatten. Einige Wochen vorher hatten wir sie auf einer Montagsdemo gesehen mit Transparenten gegen Nazis, und das fanden wir natürlich gut. Hier in der Nato erlebten wir das erste Mal, wie Publikum, Bands und Veranstalter in Personalunion eigenverantwortlich etwas auf die Beine stellten. Auf der Veranstaltung wurde außerdem von einer Gruppe »Connewitzer Alternative« dafür geworben, in Connewitz Häuser zu besetzen, um sie so vor dem drohenden Abriß zu bewahren. Hausbesetzungen. Da fiel mir die Hafenstraße in Hamburg ein, denn von der wurde immer wieder im Westfernsehen berichtet. Ich erinnerte mich an Bilder von bunt bemalten Häusern, die von jungen Leuten bewohnt wurden. Das klang interessant – und auch nach Westen.

Gab es für uns bislang immer nur die Möglichkeit, an den Wochenenden zu Konzerten zu gehen oder zu versuchen, in eine der wenigen Popper-Discos reinzukommen, begann sich nun hier quasi vor unserer Tür ein buntes Leben zu entfalten, was uns sehr zusagte. Montags gingen wir nun ins »Frontcafé« in die Nato zum Bierabend. Den Rest der Woche waren wir meistens mit den Fahrrädern zwischen Konzerten im »Grafik-Keller« in der Hochschule für Grafik und Buchkunst nahe der Innenstadt und den besetzten Häusern in Connewitz unterwegs. Unser Cliquenleben hatte sich somit völlig verändert. Der Steinplatz war Vergangenheit. Nur am Samstagnachmittag kamen wir, wie auch die Jahre zuvor, bei Triebi zu Hause zusammen und guckten gemeinsam »Formel Eins« im Fernsehen.

In der Connewitzer Stöckartstraße, wo es mittlerweile mehrere von Punks, Studenten, jungen erfolglosen Künstlern und Hippies besetzte Häuser und ein Café gab, fanden in den Sommermonaten auf einem Innenhof zahlreiche Partys und Konzerte statt. Jetzt brauchten die Bands keine Auftrittserlaubnis mehr. Die Leute, die so was organisierten, nahmen die Dinge einfach selbst in die Hand. In Innenstadtnähe gab es Szenecafés, die in besetzten Privatwohnungen betrieben wurden.

So lernten wir in den Folgemonaten ständig neue Leute in Leipzig kennen, die sich, aus den unterschiedlichsten kulturellen Ecken kommend, irgendwie zusammenfanden und in den entstandenen Freiräumen etwas Neues schufen, was es so noch nicht in Leipzig gegeben hatte, und wir waren live dabei. Es war die Geburt einer neuen Szene. Hatten wir beim New Wave die Glanzzeiten mehr oder weniger verpaßt, waren wir diesmal zur richtigen Zeit am richtigen Ort. Im Rückblick haben mich diese Ereignisse wesentlich mehr beschäftigt als die Wiedervereinigung. An letzterer konnten wir nichts mehr ändern, fast wie früher. Jetzt machten wieder die »Erwachsenen« Politik, wenn auch andere als vorher. Immerhin durften wir uns zukünftig aller vier Jahre eine neue Partei raussuchen, die uns regieren sollte. Aber an der Basis gab es in den Folgemonaten noch einiges an Freiräumen, und die wollten genutzt werden. Zumindest solange, bis unser neuer Leipziger Oberbürgermeister, ein aus Hannover Zugezogener, uns auch hier auf den Boden der (westdeutschen) Realitäten brachte.

Immer wieder überlegten wir in der Clique, ob wir nicht auch ein Haus besetzen sollten. Leere Häuser gab es ja genug. Außerdem waren wir alle etwa um die 18 Jahre alt, ein Alter, wo man schon mal darüber nachdenken konnte, von zu Hause auszuziehen. Einige Kumpels lebten bereits in freistehenden Wohnungen nahe der Innenstadt. Doch es fehlte letztlich an der notwendigen Abenteuerlust. Nobi, Triebi und ich waren zum Beispiel von zu Hause Etagenheizungen gewohnt, und nun wieder mit Kohle zu heizen erschien uns als ein zu großer Rückschritt. Außerdem: Meine Schallplatten, mein Kassettenrekorder – das waren alles Schätze, die ich nicht in ein besetztes Haus mitnehmen wollte. Es blieb vorerst beim Pläneschmieden. Außerdem bedeutete ein Haus zu besetzen in dieser Zeit nicht nur die Möglichkeit, billig und unbürokratisch an eigenen Wohnraum, Bandproberäume oder die erste eigene Szenekneipe zu kommen, sondern brachte einen unweigerlich in das Schußfeld von Faschos, die in dieser Zeit tatkräftig versuchten, jegliche sich entwickelnden alternativen Wohn- und Lebenskulturen zu zerstören. Wer um 1990 in Leipzig in einem bekannten besetzten Haus wohnte, mußte sich weniger vor einem Polizeiräumkommando fürchten als vielmehr vor erlebnisorientierten Faschogruppen, die besonders an den Wochenenden mit Autos in der ganzen Stadt umherfuhren und Jagd auf ihnen nicht genehme Menschen machten. Das Faschoproblem kannten wir ja bereits seit einigen Jahren, aber die Gewalt, die uns in jenen Tagen begegnete, toppte alles bislang Dagewesene. Die Polizei kümmerte sich in diesen geschichtsträchtigen Zeiten jedenfalls nicht wirklich um das Problem, und die potentiellen Opfer mußten damit selbst irgendwie klarkommen. Schließlich gab es Wichtigeres zu tun, als sich mit »rivalisierenden Jugendgruppen« zu beschäftigen, wie das offiziell hieß. Das bald im Westen gekaufte Tränengasspray in meiner Jackentasche war hierbei nur eine kleine Hilfe.

Kommunikationsprobleme

Im Laufe des Jahres tauchten wieder einige von den größeren Typen aus der alten Steinplatz-Clique auf, die Ende 1989 in den Westen gegangen waren. Sie kamen zu Besuch in ihre frühere Heimatstadt und wollten gucken, was sich in letzter Zeit hier getan hatte. Auffallend waren an ihnen zwei Sachen: Erstens trugen alle – wirklich alle – jetzt diese Cowboystiefel, was ziemlich scheiße aussah, drüben aber offenbar gerade der letzte Schrei war. Zweitens redeten sie jetzt auffallend anders, also ihr Dialekt war ihnen irgendwie abhanden gekommen. Das war echt merkwürdig. Vor einem halben Jahr hatten sie noch dieses Leipziger Sächsisch draufgehabt, und nun sprachen sie fast schon Westhochdeutsch. Das stellte eine komische Distanz her. Sie redeten nur von ihren neuen Jobs und dem Geld, das sie drüben verdienten. Mit unseren Storys über Hausbesetzungen und Streß mit Faschos konnten sie nichts anfangen, das war ihnen alles schon zu fremd geworden. Und so wurden wir irgendwie nicht mehr warm miteinander, wie man so schön sagt. Kommunikationsprobleme. Wir sprachen einfach nicht mehr dieselbe Sprache.

Politik und Kultur waren natürlich bei weitem nicht das einzige, was mich 1990 beschäftigte. Nachdem ich seit Anfang des Jahres nicht mehr mit Droge zusammen war, suchte ich weiter nach der großen Liebe. Tauben auf dem Dach gab es ja genug, besonders in Leipzig.

Aber wie die runterlocken, außer mit Steinen zu schmeißen und ihnen beim Wegfliegen zuzusehen? Ich versuchte da und dort mein Glück, aber so richtig entwickelte sich nichts. Ich brauchte Trost. Wenigstens seelischen. Dafür tauchte in regelmäßigen Abständen Bea aus Berlin auf.

Bea war eigentlich aus Leipzig und vor einem Jahr ab und zu bei unserer Clique gewesen, weil sie auch auf dem New-Wave-Trip war. Inzwischen hatte sie ihre Lehre als Rinderzüchterin in Neubrandenburg geschmissen und wohnte nun in einem besetzten Haus in der Mainzer Straße in Berlin-Friedrichshain. Mit Bea stand ich schon länger in Briefkontakt, und so hatte es sich ergeben, daß wir uns seit Monaten gegenseitig das Herz ausschütteten. Das tat gut und half uns beiden über so manchen Liebeskummer hinweg.

Manchmal glaubte ich wirklich, daß sie ein Engel war. Denn sie kam, ohne daß wir uns vorher verabredet hätten, immer genau zur richtigen Zeit. Einmal war ich bei einem Konzert in der Nato und wünschte mir, daß Bea doch hier wäre. Nun ratet mal, wer später hinter mir stand. Etwas verband uns, was schwer zu beschreiben war. Mehr als »gute Freunde«, aber weniger als »platonische Liebe« vielleicht. Wir waren wie zwei Katzen, die sich ab und an trafen und einige Zeit zusammen über die Dächer der Südvorstadt kletterten, um dann wieder jeder für sich zu verschwinden. Mann, klingt das kitschig, aber 1990 gab es hier einfach nichts, was es nicht gab.

Eine platonische Liebe ganz anderer Art wuchs ebenfalls im Laufe des Jahres 1990. Die Liebe zum Radiosender DT64 aus Ostberlin. Während der turbulenten Ereignisse des Herbstes '89 emanzipierte sich der einzige DDR-Jugendradio-Sender schnell von seinem FDJ-Image und wurde in der Folgezeit zu einem wirklichen Identifikationspunkt für zahllose Jugendliche in der DDR. Befreit von staatlicher Bevormundung, gingen die Redakteure mit großem Idealismus ans Werk. Besonders die Tages-Playlisten ließen mich immer wieder staunen. Hier wurde nun einfach alles gespielt, auch Songs meiner eher unbekannten Indie-Helden. Das getraute sich drüben schon kein öffentlich-rechtlicher Sender mehr, aus Angst, Hörer an die private Konkurrenz zu verlieren. Abends kamen Spezialsendungen für verschiedenste Musikrichtungen, auch für mich war eine dabei. Roland Galenza moderierte ab Anfang 1990 die zweistündige »Sonntagspätvorstellung«. Er spielte tonnenweise neue Sachen vor allem aus England, die mich zum einen an meine damaligen Indie-Lieblingsbands wie Cocteau Twins oder The Smiths erinnerten, andererseits aber auch an einheimische Combos wie Die Vision. Besonders 1991 überhäufte mich »Electric Galenza« mit neuen guten Platten. Alles Sachen, von denen ich noch nie gehört hatte, die aber genau meinen Nerv trafen. Es war echt verrückt. Gut ein Viertel meiner Platten- und CD-Sammlung von heute läßt sich auf Galenzas Empfehlungen zurückführen. Bands wie Ride, Slowdive, My Bloody Valentine und so weiter. Die kennt heute immer noch keiner, ich wollte hier an dieser Stelle aber mal ein paar Bandnamen erwähnt haben. Mein Soundtrack für die neue Zeit war diese melancholische Popmusik mit lärmenden Gitarren, quasi die Weiterentwicklung der Pop- und New-Wave-Sachen, die ich bislang gehört hatte. Passenderweise hieß meine neue Lieblingsplatte von einer Band namens Kitchens of Distinction »Strange Free World«.

Für DT64 war übrigens im vereinten Deutschland kein Platz mehr. All die Hörerinitiativen, Unterschriftensammlungen, Benefizkonzerte und Demonstrationen halfen nichts. Die Bundesregierung hatte festgelegt, daß es keinen landesweiten Jugendsender im Osten geben dürfe, weil das im Rundfunkstaatsvertrag so drinstand. Daß dieser Radiosender für viele Jugendliche in den Wendewirren ein echter Halt war, interessierte in Bonn niemanden. Nachdem man DT64 1992 endgültig abgeschaltet hatte, rieselte aus meinen Radio nur noch der Sand der öden Radiowüste, bis heute übrigens. Und wir hatten früher immer gedacht, was wirklich gut ist, könnte sich auch im Kapitalismus durchsetzen.

Wiedervereinigung

Ein knappes Jahr war es her, daß wir um den Ring gezogen waren, um ein schöneres Leben einzufordern. Die Demonstranten hatten Aladins Wunderlampe zu fassen bekommen, an ihr gerieben, und der Geist war wirklich erschienen. Als erstes wünschten sich alle die alten SED-Bonzen weg, denn *wir* waren ja das Volk. Es dauerte nur ein paar Tage, und der Wunsch erfüllte sich, es war offenbar nicht so schwer gewesen.

Der nächste war schon etwas gewagter: »Die Mauer muß weg!« Doch auch das wurde uns erfüllt. Der letzte Wunsch wurde vom Umfang her geradezu unverschämt: Die DDR sollte komplett in die BRD mit übernommen werden. Aber der Flaschengeist ließ sich nicht lumpen und erfüllte auch diesen Wunsch. Zuerst die Währungsunion am 1. Juli 1990, wo plötzlich aus dem wertlosen DDR-Geld harte Westmark wurde. Gekrönt werden sollte das Wunderwerk mit der Vereinigung beider deutscher Staaten, welche juristisch gesehen ein Beitritt war (und in manch anderer Hinsicht vielleicht sogar ein Arschtritt). Gleich danach verdrückte sich der Geist zurück in seine Lampe, und sie ging verloren. Vermutlich bietet diese Lampe jetzt unwissend ein Antiquitätenhändler auf Flohmärkten an, mit dem Hinweis, die hätte bei Honecker in Wandlitz in der Schrankwand gestanden. Das ist insofern bedauerlich, weil der letzte Wunsch noch nicht ganz erfüllt wurde, da müßte der Flaschengeist noch mal ran.

Wenn es nach mir ginge, ich hätte da gleich drei komplett neue Wünsche. Deshalb bin ich auch in den letzten Jahren so viel auf Flohmärkten unterwegs gewesen.

Am 3. Oktober sollten wir alle Punkt null Uhr Bürger der Bundesrepublik Deutschland werden. Eigentlich hätte ich ja nun am Ziel meiner kindlichen Wünsche angekommen sein müssen. Leipzig gehörte dann zur Bundesrepublik Deutschland, auf meinem Konto lag die D-Mark, und in den Geschäften gab es nur noch Westsachen zu kaufen. Die alten SED-Fritzen waren bereits vor einem Jahr abgesetzt worden, und dafür hatten wir uns schon ordentlich gegenseitig auf die Schultern geklopft. Doch die Möglichkeit, abends unbeschwert auf der Karl-Liebknecht-Straße im Punk-Outfit rumzulaufen oder in der Connewitzer Stöckartstraße ungestört zu einem Konzert zu gehen, wurde uns gerade unheimlich streitig gemacht. Seit Wochen gab es laufend Streß mit Nazis in Leipzig. Kaum ein Abend verging, an dem man nicht von einem neuen Überfall auf besetzte Häuser, Wohngemeinschaften oder Leute auf der Straße erfuhr oder ihn hautnah miterlebte.

Am Nachmittag des 2. Oktober fuhr ich deshalb mit Thümi nach Lindenau zum Shoppen. Nicht Sekt und Feuerwerk wollten wir kaufen, sondern wir fuhren in einen dieser neu eröffneten Waffenläden, um uns Schreckschußpistolen zu besorgen. Das erschien uns eine notwendige Investition für das neue Land, in das wir keine 24 Stunden später aufgenommen werden sollten. Wir hatten Glück und erwischten die letzten beiden Knarren. Der Laden war halb leer gekauft. Für dieses geschichtsträchtige Ereignis hatten offenbar vor uns schon einige andere aufgerüstet. Anschließend fuhren wir mit den Fahrrädern durch den Auewald zurück in unsere Südvorstadt. Auf einem einsamen Waldweg hielten wir an, setzten uns auf eine Parkbank und packten unsere neuen Errungenschaften aus. Uns ging eine Menge durch den Kopf. Zum Beispiel könnten wir nun Tränengaspatronen verschießen und müßten nicht mehr auf die Windrichtung achten wie bei der CS-Gas-Spraydose. Und noch was: Vor anderthalb Jahren hatten wir beide aus pazifistischer Überzeugung bei unserer NVA-Musterung den Dienst an der Waffe verweigert, und nun glaubten wir uns nur noch mit solchen gefährlichen Spielsachen auf die Straße wagen zu können. »Ich wollte nie eine Knarre anfassen«, sagte ich, und Thümi nickte. Wir packten die Dinger in unsere Jackentaschen und stiegen wieder auf unsere Fahrräder. Auf einem einsamen Waldweg verschossen wir beide noch je eine Platzpatrone, um zu testen, ob die Teile auch wirklich funktionierten. Jedenfalls waren sie verdammt laut.

So standen wir in der Nacht vom 2. zum 3. Oktober nicht mit den anderen trunkenen feierlustigen Leipzigern auf dem Karl-Marx-Platz, der jetzt wieder Augustusplatz hieß, und freuten uns, daß nun endlich die DDR Geschichte war, sondern wir waren in Connewitz in der Stöckartstraße. Wir standen auf einem der Dächer der besetzten Häuser und warteten auf den angekündigten Faschoangriff.

Rannten wir vor einem Jahr noch im New-Wave-Outfit rum, hatten wir uns mittlerweile den neuen Zeiten angepaßt. Unsere Outfit-Vorlagen aus der BRAVO hatten ausgedient. Jetzt steckten wir in den Streetfighter-Klamotten der Westautonomen: schwarze Bomberjacke, grüne Bundeswehrhose, Schnürstiefel, in der

Jackentasche wartete die Motorradsturmhaube, auch »Haßmaske« genannt, auf ihren Einsatz. Immerhin alles Westklamotten.

In anderen Leipziger Stadtteilen zogen seit Monaten Fascho-Cliquen mit markigen Namen wie »Hitlerjugend Schönefeld« und »Reudnitzer Rechte« umher und machten Jagd auf ihnen nicht genehme Leute: Punks, Ausländer, vermeintliche Linke, Studenten mit Nickelbrillen, Typen mit langen Haaren. Unseren Kiez wollten wir jedoch auf keinen Fall den Nazis überlassen. Und wenn sich sonst dafür niemand zuständig fühlte, mußten wir die Sache eben selber in die Hand nehmen.

Ich war mir dennoch nicht sicher, ob ich mir wünschen sollte, daß die Faschos in dieser Nacht kamen, oder ob ich beten sollte, daß sie wegblieben. Wir waren nicht gerade wenige und würden ihnen bestimmt eine ordentliche Packung verabreichen können. Endlich hätte man sich mal richtig wehren können, anstatt immer nur wegzurennen oder einzustecken. Andererseits war ich ein Hänfling, völlig ungeübt in Schlägereien und hatte den Wehrdienst an der Waffe verweigert, weil ich Krieg und Gewalt scheiße fand. Doch in diesen Zeiten war das Paradoxe die Realität.

Mitternacht flogen in der ganzen Stadt Silvesterraketen in die Luft. Jubelstimmung. Wir standen auf den Dächern in der Kälte und schauten den Lichtbögen hinterher. Keiner konnte sich freuen. Die Nazis kamen in dieser Nacht nicht nach Connewitz. Sie hatten sich bereits am Jugendclub »Villa« gegenüber dem Neuen Rathaus ausgetobt und alle Scheiben eingeschmissen.

Und über Nacht war ich Bürger der Bundesrepublik Deutschland geworden.

Ich steh auf Berlin

Zu DDR-Zeiten hatte Ostberlin für mich nicht wirklich etwas Interessantes gehabt. Zwar besuchte ich manchmal die Zwillinge in Mitte, aber es mangelte in der Stadt an diesem Flair, welches ich aus Prag und Budapest kannte. Gemeint sind Coca-Cola, Westplatten und Band-Anstecker, Dinge, die für Teenies damals wichtig waren. All das hatte Ostberlin zu DDR-Zeiten nicht zu bieten. Nun gab es Coca-Cola auch in Ostberlin, aber ich interessierte mich nicht mehr sonderlich dafür. Mittlerweile fand ich die Menschen interessanter.

Nach unserem ersten Besuch in Westberlin waren wir 1990 immer mal wieder kurz in der Stadt gewesen, wir hatten uns die sagenumwobene Oranienstraße in Kreuzberg angeguckt und in den Szenegeschäften Kaputzensweatshirts und Tränengasspray gekauft. Berlin war ein Mythos, eine richtige Großstadt, eine Weltstadt. In Westberlin gab es Szenekneipen, Szeneklamotten, Szenebuchläden, Hausprojekte, Dönerläden, Szenetypen und überall Graffiti, die mich an »Beat Street« erinnerten. Und in Ostberlin schossen besetzte Häuser wie Pilze aus dem Boden. Hier ging die Post ab.

Wir knüpften Kontakte zu Leuten in einem besetzten vierstöckigen Mietshaus im Stadtteil Mitte in der Linienstraße. Das Haus war, bautechnisch gesehen, in einem miserablen Zustand, aber seine Bewohner waren unheimlich nett zu uns. Viele von ihnen waren schon etwas älter und kamen ursprünglich aus Westdeutschland, aber sie sahen in uns von Faschos geplagte Ossis, und ihr Haus stand uns offen. Das war ein echter Solidarpakt. Von den etwa 20 Bewohnern waren sogar drei waschechte Berliner, eine Seltenheit in dieser Stadt. Kamen wir zu viert oder zu fünft zu Besuch, räumte irgend jemand sein Zimmer für uns und pennte woanders. Hier lernten wir auch, im Sitzen zu pinkeln. Im ersten Stock befand sich eine große Gemeinschaftsküche mit einem riesigen, immer unaufgeräumten Tisch voller Tageszeitungen und Frühstückskram. Dort saßen wir stundenlang und unterhielten uns über alles mögliche. Kaum einer in diesem Haus ging richtig klassisch arbeiten. Man studierte, machte eine Ausbildung, jobbte, lebte von Sozialhilfe oder versuchte sich als Künstler durchs Leben zu schlagen. Langweilen tat sich jedenfalls keiner. Unsere neuen Freunde zeigten uns hautnah, daß man seine eigene Wertigkeit auch noch anders messen konnte als über den Verkauf seiner Arbeitskraft. Viele waren in linken politischen Gruppen aktiv, so wie Joschka Fischer in den 70ern.

Jeder im Haus hatte ein eigenes Zimmer, welches individuell gestaltet war. Dennoch gab es eine gewisse Standardausstattung, die ich später auch in vielen WGs fand: Eine große Matratze auf einem Podest, ein Regal für die Klamotten, Schreibtisch, Stuhl und im Raum verteilt jede Menge politische Bücher, einige Comics und linke Szenezeitschriften. An den Wänden hingen Demo-Plakate und Urlaubsfotos aus dem Süden. Nicht fehlen durften eine alte silberne Hi-Fi-Anlage und ein paar Punkplatten. Je nach Mentalität des Bewohners oder der Bewohnerin war das Zimmer schön aufgeräumt oder ziemlich wüst. An einer Zimmertür las ich mal den Spruch »Anarchie und Luxus«. Das erinnerte mich an meine DDR-Zeit und erschien mir ein praktikables Lebensmotto.

Meist fuhren wir einmal im Monat übers Wochenende nach Berlin mit einem uralten gelben Golf, den ich mir im Frühjahr 1991 in Kreuzberg gekauft hatte. Meine Eltern konnten sich erst mit Mitte Vierzig ein Auto kaufen, einen Wartburg. Ich fuhr mit 19 schon eine Westkiste. So hatten sich die Zeiten geändert. Nobi war oft dabei, aber auch neue Kumpels aus Wendezeiten wie Felipe und Klaus oder Kalle, ein etwas Jüngerer aus der »Hoffmann«. Meist fuhren wir einmal im Monat übers Wochenende nach Berlin. Dort angekommen, suchten wir ewig nach einem Parkplatz am Rosenthaler Platz, klärten, in welchem Zimmer wir schlafen konnten, und fuhren dann mit der U-Bahn nach Westberlin. Oft besuchten wir den Polen-Markt, diesen riesigen schmuddeligen Flohmarkt, wo es gebrauchte Jeans für fünf Mark gab. Ich kaufte bergeweise Comics, schließlich hatte ich einiges nachzuholen. Noch heute stapeln sich bei mir in Kisten gut 400 Micky-Maus-Hefte, die ich mir zum Großteil aus Berlin mitgebracht habe. Das war meine Art, mich an den DDR-Zöllnern zu rächen.

Natürlich gingen wir in Kreuzberg immer schön Döner essen, denn in Leipzig dauerte es verdammt lange, bis die ersten Döner-Buden aufmachten. In den Plattenläden gab es nicht nur den Soundtrack für harte Jungs, also Punk, Metal und Hardcore, sondern auch die Bands, die ich bei Roland Galenza auf Radio DT64 gehört hatte. Abends saßen wir dann mit unseren Berliner Kumpels in Kneipen oder schwatzten bis spät in die Nacht in der »Linie«. Diese Wochenendtrips waren für uns trotz der ausgedehnten Shopping-Touren echte Erholungsfahrten. In Berlin mußte man sich nachts nicht nach jedem Auto umdrehen und schauen, ob darin Faschos saßen. Hier konnten wir uns vom Streß zu Hause erholen.

Morgens gingen wir ins Café »Hackbarth's« frühstücken, einer der zahllosen neuen Szenekneipen in Berlin-Mitte gleich um die Ecke. Schon das Publikum zu beobachten konnte eine Beschäftigung für Stunden sein: Balletttänzerinnen, Hausbesetzer, Künstler, Touristen. Einen Platz zu bekommen war oft Glückssache. Ein riesiger messingverkleideter Tresen nahm gut die Hälfte des Raumes ein. Im Hintergrund lief Jazzmusik. Dort passierte es auch schon mal, daß irgendein schmuddeliger, aber gutaussehender Bohème-Typ von draußen reinkam und nach einem Blick auf unsere Teller fragte, ob er sich aus den Resten ein Brot machen dürfe. Jedenfalls konnten wir zwei, drei Tage entspannen und waren anschließend wieder fit für unser Leipzig, das uns nun ziemlich provinziell vorkam.

Hin und wieder überlegten Leute aus unserem Bekanntenkreis, für immer nach Berlin zu gehen, und einige waren tatsächlich schon hingezogen. Dort schien alles so einfach und urban. Berlin war in meinen Augen immer einen Besuch wert, nur leben wollte ich dort nicht. Es ist wie mit einer unerfüllten Liebe. Man sollte nur in Abständen kurz zusammenkommen, um sich den Zauber zu bewahren. So halte ich es bis heute mit Berlin, und ich liebe diese Stadt noch immer.

Zum Schluß

Weihnachten 1990. Jetzt lebten wir im Westen. Hier in Leipzig. Unter dem Tannenbaum lagen keine Westpakete mehr. Den Grund, uns welche zu schicken, gab es nicht mehr, denn wir konnten uns die ganzen Westsachen jetzt selbst kaufen. Nun merkten wir, daß wirklich eine Zeit zu Ende gegangen war, nämlich die der Westpakete. Von nun an mußten wir uns um alles selbst kümmern.

In den Folgejahren drang der Westen immer weiter zu uns nach Leipzig und in die Südvorstadt vor. Die ersten Häuser wurden an Westdeutsche verkauft, die Bewohner zogen woanders hin, anschließend wurde alles schick renoviert und danach neu (und teuer) vermietet. Die Luft wurde in der Stadt spürbar sauberer, weil die vielen Chemiebetriebe vor den Toren der Stadt nun geschlossen wurden. Wir freuten uns vor allem über viele bunte Graffiti an den Wänden, denn das erinnerte uns an Westberlin, unseren Maßstab aller Großstädte. Unzählige Konzertplakate klebten jetzt auf der Karl-Liebknecht-Straße. Jeder neue Döner-Laden, jede neue Szenekneipe in der Südvorstadt wurde gleich von uns getestet. Wir waren begeistert von dem Techno-Club »Distillery« in einer alten Brauerei in Connewitz, in den man frühestens nach ein Uhr nachts gehen konnte, denn vorher war dort keine Sau. Gleich beim Schauspielhaus um die Ecke öffnete im Keller einer Galerie der Club »Zündspule«, in den wir nach ausgedehnten

Kneipentouren gingen und wo wir bis zum Morgengrauen blieben. Hier kannte jeder jeden, und wen man noch nicht kannte, den lernte man kennen. Gute Konzerte gab es im Eiskeller, der jetzt »Conne Island« hieß, in der Nato und im Studentenclub »Moritzbastei«. Das urbane Leben kam zu uns. Genau das hatten wir uns gewünscht.

Der Streß mit den Faschos ließ in Leipzig ab 1993 merklich nach. Grund war jedoch nicht das konsequente Durchgreifen der neuen Staatsmacht. Zum einen bekamen die Faschos immer öfter selbst aufs Maul, und somit machten ihnen die Überfälle nicht mehr so viel Spaß. Zum anderen hatte besonders die rechte Hooligan-Fraktion weniger Bock auf den Nazi-Kram und wollte lieber schöne Fußballprügeleien und Geschäftchen machen, um sich schicke Klamotten und große Autos zu kaufen.

Für das spezielle Berlin-Kreuzberg-Flair sorgte außerdem Ende November 1992 eine stundenlange Randale mit der Polizei in ganz Connewitz mit brennenden Autos, Barrikaden, Wasserwerfern und vielen, vielen Pflastersteinen. Der Mythos Connewitz war auf seinem Höhepunkt.

Unsere alte Clique ging in dieser Zeit auseinander. Die Interessen hatten sich verändert, neue Freundeskreise entstanden. Einige wurden schnell erwachsen, andere versuchten es noch ein wenig hinauszuzögern. Viele Jahre sind seitdem vergangen mit nicht weniger spannenden Geschichten, aber dafür ist hier kein Platz mehr. Nur noch soviel: Mit Nobi erfüllte ich mir Mitte der 90er einen lang gehegten Traum, wir wohnten eine Zeitlang zusammen in einer schicken WG in unserer

Südvorstadt. Vom Küchenfenster konnte man auf das Dach klettern, von wo man einen herrlichen Ausblick auf unseren Scherbelberg hatte. Vor kurzem hat Nobi seine Meisterprüfung abgelegt und die kleine Malerfirma seines Vaters übernommen.

Triebi treffe ich manchmal auf der Straße. Er wohnt noch immer in der legendären Party-Wohnung am Scherbelberg und arbeitet in einem Großküchenplanungsbüro zusammen mit seinem großen Bruder.

Nauni ist 1991 nach Süddeutschland gezogen und war zwischendurch einige Zeit in Irland. Er arbeitet heute als Intensivpfleger in einer Schweizer Universitätsklinik.

Mit Rüdi spielte ich Anfang der 90er in Leipzig in der großartigen und ziemlich erfolglosen Indie-Popband »Believe in Falter«. Er lebt seit einigen Jahren in Hamburg und ist dort Cheflayouter einer großen Lokalzeitung. Keine schlechte Entwicklung für einen gelernten Kunst- und Bauschlosser.

Thümi wohnte zunächst in einem besetzten Haus in Connewitz zusammen mit den Götzens-Zwillingen, die wieder nach Leipzig zurückgekehrt waren. Am 21. Dezember 1992 traf ich ihn seit langem mal wieder in einer Kneipe, und wir gratulierten uns noch nachträglich zum Geburtstag. Schließlich waren wir ja beide Dezemberkinder, er am 17. geboren, ich am 13.

Wir sahen uns nie wieder. Am nächsten Abend besuchte Thümi das »Zorro«, ein Jugendzentrum in Connewitz, ein netter Punkerschuppen in einer alten Fabrik mit Konzerten und einer Kneipe. Nach Mitternacht, es war schon der 23. Dezember, stürzte eines dieser Punkerkids aus einem besetzten Haus in der angrenzenden

Leopoldstraße herein. Die Kids waren für ihre Autoklauereien bekannt, und eigentlich fanden die alle lästig, weil es ihretwegen oft Ärger mit der Polizei in Connewitz gab. Jedenfalls erzählte dieser junge Punker aufgeregt, daß Schlägertypen vor ihrem Haus stehen und seinesgleichen die Fressen polieren würden. Ohne lange zu überlegen, in Erwartung eines Fascho-Überfalls, rannte Thümi mit noch einigen anderen rüber zur »Leo«. Von weitem sahen sie den Pulk zum Teil mit Baseballschlägern bewaffneter Typen. Ein Auto raste auf Thümi und die anderen zu. Schüsse fielen aus dem Beifahrerfenster, und Thümi bekam gleich vier ab. Die anderen blieben unverletzt. Drei Stunden später starb er im nahe gelegenen Elisabeth-Krankenhaus. Verdammte Scheiße.

Was war nur passiert? Eines der Autoklau-Kids hatte sich Stunden zuvor einen Nobel-Mazda »ausgeborgt«. Dieser gehörte Professor Hermann, damals Hautarzt an der Uni-Klinik in Leipzig. Sein Fast-Schwiegersohn Gregor P. mit Kontakten ins »Milieu« holte das Auto aus der Leopoldstraße zurück. Hermann wollte aber auch noch den Dieb fassen. Darum standen Hermann und Gregor P. mit einigen Typen vor dem Haus in der Leo. Das Auto hatten sie schon längst wieder. Erst nach den tödlichen Schüssen auf Thümi verpißten sie sich, auch der Universitätsarzt Hermann, ohne nach ihrem Opfer zu sehen.

In mehreren Prozessen wurde Mitte der 90er versucht, den Tathergang zu rekonstruieren. Zunächst gab Gregor P. zu, Thümi erschossen zu haben, später widerrief er sein Geständnis und beschuldigte Hermann der Tat. Dieser wurde schließlich zu sechs Jahren Haft verurteilt. Viele Fragen aus dieser Nacht blieben dennoch unbeantwortet. Aber wie viele Antworten wir auch noch finden werden, lebendig würde Thümi davon nicht werden. Auf seiner Beerdigung raunte mir Felipe, der gemeinsame Freund aus Wendezeiten, zu: »Wenigstens hat er noch die Connewitz-Randale mitmachen können.«

Früher lebten wir in einer Nische. Hier in unserer Südvorstadt. Auf einer kleinen geheimen Insel in Leipzig. Dort hatte *die* DDR für uns nie wirklich existiert. Dort gab es nur unsere eigene Welt, die wir uns erschaffen hatten – in unseren Zimmern und unseren Köpfen.

Manchmal fahre ich mit dem Rad in mein altes Wohngebiet. Ich schaue mir unseren Steinplatz an, sehe auch das Gebüsch, in das wir immer reingepinkelt haben. Dann fällt mir wieder ein, wie die Großen vom Steinplatz immer so stolz auf ihre neuen MZ-Motorräder gewesen sind, die dort blankgeputzt nebeneinander geparkt waren. Heute stehen dort nur Westautos. Mensch, da hätten wir was zu gucken gehabt. Nein, ich bin nicht traurig, daß diese Zeit vorbei ist. Ich bin wahnsinnig froh, daß ich diese Zeit erlebt habe.

Ich fahre an den Häusern meiner alten Mitschüler vorbei. Von denen wohnt hier keiner mehr. Aber in vielen Häusern kenne ich neue Leute, die vor einigen Jahren hierhergezogen sind. Wer in Ostdeutschland aus der Provinz nicht nach Berlin zieht, der zieht nach Leipzig. Auch viele junge Menschen aus westdeutschen Städten wohnen mittlerweile hier. Wenn ich heute auf der Karl-Liebknecht-Straße unterwegs bin, treffe ich ständig Bekannte. Alte und neue Gesichter. Manche kenne ich schon seit über 15 Jahren, manche erst seit kurzer Zeit. Jedenfalls weiß ich dann immer, daß ich hier richtig bin.

Und dann gibt es da noch was: Wenn ich heutzutage irgendwo in Europa mit dem Auto im Urlaub bin und zurück nach Deutschland fahre, denke ich auch viele Jahre nach der Wiedervereinigung zunächst nur: »Jetzt bin ich in Deutschland.« Fahre ich dann über die frühere Grenze in die ehemalige DDR, kommt mir dann in den Sinn: »Jetzt bin ich zu Hause.« Und dabei kann ich viele dieser »Ningel-Ossis« überhaupt nicht leiden, und lange glaubte ich, daß ich eigentlich zu denen da drüben gehörte. Der Grund scheint simpel: Das ist wie mit seiner alten Schulklasse, wo man auch nicht alle mochte. Aber man hat eben mehr oder weniger freiwillig so viel Zeit zusammen verbracht, und das hat einen irgendwie miteinander verbunden. Auch die Zeit kann daran offenbar nichts ändern. Ist das nicht verrückt?

Doch wenn ich heute darüber nachdenke, ob ich nun in West- oder Ostdeutschland groß geworden bin, so komme ich zu dem Schluß, daß ich vor allem in den 80ern aufgewachsen bin.

Gott sei Dank, daß es vorbei ist.
Schade, daß es vorbei ist.
Schön, daß es weitergeht.
Mal sehen, was noch so kommt.